Mes Premiers Pas en Cuisine

Mes Premiers Pas en cuisine

35 recettes faciles et amusantes pour enfants à partir de 7 ans

les éditions de saxe

les éditions de saxe
13 rue Jules Verne
CS 40205 - 69630 Chaponost
www.edisaxe.com

Mes premiers pas en cuisine

Traduit de l'anglais par Sylvaine Couet

Publié pour la 1re fois en 2012
sous le titre « my first baking book » par CICO Kidz
Marque de Ryland Peters & Small
519 Broadway, 5th Floor - New York NY 10012
20-21 Jockey's Fields - London WC1R 4BW

Consultante sur la série : Susan Akass
Responsable d'édition : Susan Akass et Kathie Hardwicke
Conception : Elisabeth Healey
Illustrations pas à pas : Rachel Boulton
Illustrations animaux : Hannah George
Patrons : Simon Roulstone
Illustration : Hannah George
Crédits photo et stylisme : voir page 128

ISBN : 978-2-7565-1040-8
Imprimé en Chine

• À moins d'indication contraire, une cuillerée équivaut à une cuiller rase.
• Dans ce livre, certaines recettes sont à base d'œufs crus. Il est plus prudent pour certaines personnes (femmes enceintes ou qui allaitent, nourrissons et jeunes enfants, personnes à la santé délicate et personnes âgées) d'éviter de consommer des plats en contenant si la recette n'implique aucune cuisson.
• Certaines recettes contiennent des fruits à coque et sont interdites aux personnes souffrant d'une allergie à ce type d'aliment.
• Le four doit être préchauffé à la température indiquée. Les fours ne fonctionnant pas tous de la même façon, nous recommandons l'utilisation d'un thermomètre à four et conseillons de consulter le mode d'emploi du fabricant pour toute instruction particulière, tout particulièrement s'il s'agit d'un four à air pulsé, auquel cas il convient d'ajuster les températures en fonction des indications du fabricant.

SOMMAIRE

Introduction

Pourquoi apprendre à cuisiner ? Il existe trois bonnes raisons à cela. Tout d'abord, c'est un vrai plaisir. Ensuite,tu as des mets délicieux dans ton assiette. Enfin, tu as quelque chose de tout à fait spécial à partager avec tes proches et tes amis. Et comme tout le monde apprécie les petits plats faits maison, tu seras populaire pendant toute ton existence !

Pour t'apprendre à cuisiner, ce livre te guide pas à pas au fil des recettes et te montre tout ce qu'il convient de faire, comme par exemple graisser un plat ou vérifier si ton pain est cuit. Il comprend quatre chapitres : le premier, « Une pâte tip top », aborde tout ce qui concerne le travail de la pâte, qu'il s'agisse de recettes salées ou sucrées. Dans le deuxième chapitre, « Petites douceurs », tu apprends à faire des gâteaux, des granolas, des crumbles et des brownies, exactement ce qu'il faut pour faire accourir tes amis ! Le troisième chapitre, « Pain, brioches & Cie », traite des diverses façons d'utiliser la pâte pour faire des recettes à base de pain. Enfin, « Petits plats gourmands » t'indique comment concocter des plats familiaux – tes parents seront ravis si tu proposes de préparer le repas !

Bien entendu, tu dois demander la permission à un adulte avant de t'y mettre car se servir de couteaux, de plaques de cuisson, d'un four et d'appareils électriques n'est pas sans dangers. Mais plus tu apprendras, mieux cela ira. Pour t'aider, nous avons ajouté une partie dédiée aux techniques employées, avec tous les détails qu'il faut connaître pour réussir les recettes.

Nous avons donné à chaque recette un degré de difficulté, sous forme de smileys (entre un et trois, voir ci-dessous). Les recettes de niveau 1 sont les plus faciles, celles du niveau 2 comprennent plus d'étapes et celles du niveau 3 sont les plus longues et les plus difficiles. Il est sans doute préférable de laisser celles-ci pour le moment où tu auras acquis un peu plus d'expérience.

Lave-toi les mains et mets un tablier... C'est parti !

Degrés de difficulté

Niveau 1
Il y a peu d'étapes, il te faut juste un peu d'aide de la part d'un adulte.

Niveau 2
Il y a plus d'étapes, quelques techniques difficiles, un adulte doit t'assister davantage.

Niveau 3
Ces recettes demandent plus de temps et un adulte doit t'aider pour la plupart des étapes.

Sécurité en cuisine

- N'oublie jamais de te laver les mains avant de commencer à cuisiner et après avoir manipulé de la viande crue.
- Si tes cheveux sont longs, attache-les.
- Porte un tablier pour protéger tes vêtements.
- Vérifie que tes ingrédients sont frais et que la date limite d'utilisation n'est pas dépassée.
- S'il faut utiliser des couteaux tranchants, des appareils électriques ou une table de cuisson, un four à micro-ondes ou traditionnel, l'aide d'un adulte est obligatoire.
- Emploie des gants de four lorsque tu manipules des casseroles ou des plats chauds.
- Utilise une planche à découper quand tu emploies un couteau affûté ou des emporte-pièces en métal – cela protège la surface de travail et empêche le couteau de glisser.
- Ta surface de travail doit rester propre ; essuie par terre si nécessaire pour ne pas glisser.
- N'oublie pas de ranger quand tu as terminé – laver la vaisselle peut être aussi amusant que cuisiner !

Ustensiles de cuisine

Tamis
Passoire
Couteau économe
Râpe
Presse-ail
Couteaux affûtés
Couteau à palette
Planche à découper

Coquetier
Plats allant au four
Film alimentaire
Papier sulfurisé
Papier absorbant
Bols et saladiers
Bols en verre allant au four
Bols allant au four à micro-ondes
Casseroles
Cuiller en bois
Pichet gradué

Balance de cuisine et verres gradués
Cuillers graduées
Fouet métallique
Spatule
Pinceau à pâtisserie
Rouleau à pâtisserie
Moules à muffins (6 ou 12 cavités)
Moules à mini-muffins (12 cavités)
Coupelles en papier à muffins
Plaques de four
Moules à gâteaux
Grille pour refroidir
Emporte-pièces pour biscuits
Haricots secs pour la cuisson

Conseils et techniques

Utiliser un four

- La première chose à faire pour la plupart des recettes est d'allumer le four. Le four a besoin d'être suffisamment chaud pour cuire les aliments que tu vas y mettre et cela prend un peu de temps.
- À chaque fois, la recette t'indique à quelle température régler ton four. Demande à un adulte de te montrer comment t'y prendre et comment régler le four à la bonne température.
- Sur la plupart des fours, il y a une lumière qui s'éteint quand le four atteint la température voulue et qu'il est prêt à être utilisé.
- Dans la plupart des cas, il est recommandé d'employer la grille du milieu. Assure-toi qu'il y a assez d'espace au-dessus pour que tes gâteaux ou ton pain lèvent sans problème.
- Utilise toujours des gants de cuisine pour glisser tes plats au four ou les en sortir et pose tes plats chauds sur une surface résistant à la chaleur ou un dessous-de-plat pour ne pas brûler le plan de travail.

Graisser tes plats

Une fois ton four allumé, la seconde chose à faire pour la plupart des recettes est de préparer tes plats pour la cuisson. C'est une étape importante pour éviter que les aliments collent au plat. Si c'est le cas, tu ne pourras pas décoller ou sortir ta préparation du plat. Pour parer à ce problème, graisse celui-ci avec un peu d'huile ou de beurre pris sur du papier absorbant ou tapisse-le de papier sulfurisé. Pour certaines recettes, combine les deux méthodes.

Utiliser une table de cuisson

Demande toujours à un adulte avant d'utiliser la table de cuisson.

- Quand tu utilises la table de cuisson, assure-toi que les casseroles ont le manche tourné vers l'intérieur pour éviter de les renverser.
- Ne cuisine pas à une température trop élevée. Les aliments brûlent facilement.
- N'oublie jamais d'éteindre ta table de cuisson quand tu as fini de cuisiner.
- Quand tu enlèves une casserole de la table de cuisson, pose-la toujours sur une surface résistant à la chaleur ou un dessous-de-plat pour ne pas brûler le plan de travail.

Poids et mesures

La cuisine au four, c'est un peu comme une expérience scientifique : tu dois avoir les mesures exactes pour être sûr du résultat ! En d'autres mots, tu dois peser et mesurer les ingrédients avec précision. Pour cela, tu peux utiliser un verre gradué ou une cuiller (doseuse ou ordinaire) s'il s'agit de quantités peu importantes. Pour de plus grandes quantités, ce sera plutôt une balance. Essaie de t'en tenir à une méthode de pesée ou de mesure pour une même recette. Sauf indication contraire, il est à chaque fois question de cuillers rases et non bombées. Utilise un verre ou un pichet gradué pour les liquides.

Beurre

De nombreuses recettes nécessitent du beurre et c'est généralement le beurre doux qui est conseillé. Pour les recettes de gâteaux où tu dois battre le beurre avec le sucre, il vaut mieux que ton beurre soit mou et donc sorti du réfrigérateur suffisamment tôt. Pour les pâtisseries et autres recettes te demandant de mélanger du beurre et de la farine, le beurre doit être dur, tout juste sorti du réfrigérateur.

Battre du beurre et du sucre en crème

- De nombreuses recettes de gâteaux démarrent ainsi : il s'agit de fouetter le beurre et le sucre jusqu'à ce que le mélange devienne pâle et mousseux. C'est une étape importante car elle donnera une texture légère à tes gâteaux.
- Souviens-toi de toujours sortir le beurre du réfrigérateur au moins une demi-heure avant utilisation pour qu'il soit suffisamment mou et plus facile à battre.
- Battre des ingrédients en crème est beaucoup plus rapide avec un batteur électrique, mais demande toujours à un adulte de t'aider.

Mélanger du beurre et de la farine

Dans de nombreuses recettes, tu dois mélanger du beurre à de la farine. Pour cela, coupe d'abord ton beurre froid en petits morceaux et dépose-le dans la farine. Ensuite, prends des petites quantités de chaque ingrédient et malaxe-les du bout des doigts. Continue ainsi à prendre et à malaxer jusqu'à ce que le tout soit bien incorporé et prenne une consistance sableuse.

Conseils pour abaisser la pâte

- Quand tu étales la pâte pour faire des tartelettes, il est plus facile d'étaler 3 ou 4 petits morceaux à la suite plutôt qu'un gros morceau.
- Saupoudre généreusement ta surface de travail de farine pour que ta pâte n'y colle pas. Déposes-en aussi un peu sur ton rouleau à pâtisserie.
- Quand tu étales la pâte, appuie sur le rouleau à pâtisserie et fais-le rouler vers l'extrémité opposée à toi.
- Continue à déplacer ta pâte pour t'assurer qu'elle ne colle pas et si c'est le cas, saupoudre encore un peu de farine sur ta surface de travail.
- La pâte devant rester froide, essaye de ne pas trop la manipuler car tes mains auront vite fait de la réchauffer !
- Pour les tartelettes, découpe des ronds rapprochés au maximum les uns des autres de façon à utiliser le plus de pâte possible avant de réunir les rognures pour les abaisser à nouveau.

Pour remplacer le babeurre

Certaines recettes emploient du babeurre, mais si tu n'en as pas dans ton réfrigérateur, tu peux en faire toi-même. Verse l'équivalent d'une cuiller à soupe de jus de citron dans un pichet gradué et ajoutes-y 250 ml de lait. Mélange et laisse reposer 5 minutes, le lait va cailler mais aura encore bon goût.

Incorporer des ingrédients

Dans certaines recettes, on te demande d'incorporer des ingrédients. Incorporer est une façon de mélanger des ingrédients légers avec des ingrédients plus lourds sans « casser » la légèreté de la préparation. Utilise une cuiller en métal et non en bois pour manier le mélange d'un mouvement délicat de haut en bas, en forme de huit, plutôt que de mélanger en tournant comme on a l'habitude de faire avec une cuiller en bois. De temps en temps, racle les parois du récipient pour être sûr de bien mélanger le tout.

Fermentation de la pâte

La levure contenue dans la pâte à pain est vivante et a besoin de se développer (fermenter) dans un endroit chaud : la pâte va doubler de volume. Pour cela, trouve l'endroit le plus chaud de la maison : dans un placard, près d'un radiateur, à côté d'un four chaud ou sur le bord d'une fenêtre ensoleillée, ou même sur une bouillotte ! Si la pâte est bien au chaud, la fermentation prend environ une heure. La pâte fermentera même dans un endroit plus frais, mais cela prendra beaucoup plus de temps.

Tu dois recouvrir ta pâte de film alimentaire pour l'empêcher de s'assécher pendant la fermentation.

Utiliser un micro-ondes

Le four à micro-ondes permet de chauffer ou de faire fondre les ingrédients d'une recette au four rapidement et facilement.

Faire fondre du chocolat

Place le chocolat cassé en morceaux dans un récipient adapté au micro-ondes. Fais chauffer à température minimum pendant 30 secondes, remue puis refais chauffer encore 30 secondes. Contrôle et mélange à intervalles réguliers de 20 à 30 secondes et quand le chocolat est presque totalement fondu (il ne reste que quelques petits morceaux), sors le récipient du micro-ondes et remue jusqu'à ce que le chocolat soit bien lisse. Fais attention car le récipient peut être très chaud, demande de l'aide à un adulte pour le placer dans le four et l'en retirer. Prends soin de ne pas trop faire chauffer le chocolat.

Micro-ondes et règles de sécurité

- Utilise toujours des récipients adaptés au micro-ondes et n'y dépose jamais d'éléments métalliques.
- Avant d'utiliser ou de manger ce que tu viens de sortir du micro-ondes, fais très attention à bien mélanger les ingrédients car, même si cela paraît tiède en surface, cela peut être bouillant au centre. Le fait de remuer le chocolat fondu ou la confiture, par exemple, répartit la chaleur uniformément et évite qu'elle se concentre à quelques endroits. Fais chauffer tes ingrédients à basse ou moyenne température pendant de courts instants plutôt qu'en continu et vérifie la progression à intervalles réguliers.
- Le temps de chauffe indiqué dans les recettes est une moyenne conseillée, l'idéal est de se fier aux instructions propres à son appareil.

Faire chauffer de la confiture

Place la confiture dans un récipient adapté et fais chauffer à température moyenne pendant 20 à 30 secondes. Demande à un adulte de t'aider à sortir le récipient du four et remue délicatement. Tu peux refaire chauffer quelques secondes si nécessaire, mais attention, la confiture devient brûlante très rapidement.

Utiliser des couteaux

Un bon cuisinier doit savoir utiliser ses couteaux correctement. Demande à un adulte de t'apprendre à les manipuler. Si tu t'en sers convenablement, un couteau bien aiguisé est plus sûr qu'un couteau dont la lame est émoussée car, contrairement à celui-ci, il ne glisse pas. Tu dois toutefois maintenir fermement la nourriture que tu coupes et garder tes doigts éloignés de la lame. N'oublie jamais la planche à découper et emploie l'une des trois méthodes suivantes :

1

« Le pont »

La technique du pont est utilisée pour couper en petits morceaux des aliments assez gros (par exemple pommes, tomates ou oignons).

- Maintiens l'aliment à découper en formant un pont avec ton pouce d'un côté et ton index de l'autre. Tiens le couteau de l'autre main avec le fil de la lame vers le bas, glisse-le sous le pont et coupe l'aliment.
- Pour certains aliments assez mous comme la tomate, tu couperas plus facilement si tu perces la peau au préalable avec la pointe du couteau.

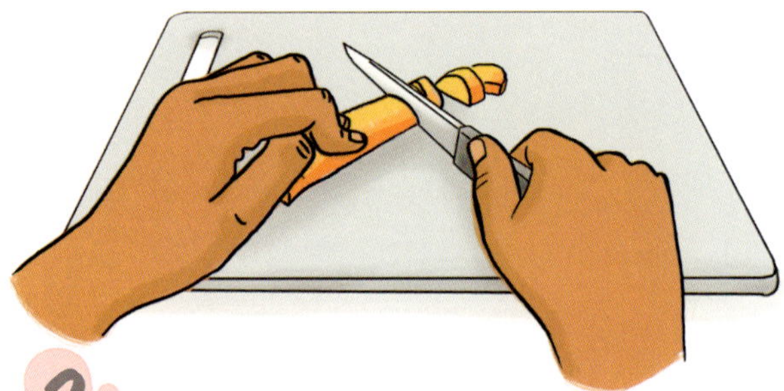

2

« La pince »

La technique de la pince est utilisée pour couper en petits morceaux ou en rondelles des aliments tels que les carottes ou les oignons :

- Coupe l'aliment en deux (selon la technique du pont) : tu obtiens une face plate, que tu poses sur la planche à découper, ainsi elle ne bougera pas.
- Forme une pince avec tes doigts en repliant ton pouce sous les autres doigts. Maintiens fermement l'aliment avec cette pince.
- Tiens le couteau de l'autre main, coupe l'aliment en prenant soin de reculer tes doigts au fur et à mesure que le couteau s'en rapproche.

3

Émincer des fines herbes

- Pose les fines herbes en petit tas sur la planche à découper. Pose une main à plat sur le dessus de la lame et l'autre sur le manche puis coupe les herbes avec un léger mouvement de bascule.
- Une autre méthode consiste à placer les fines herbes dans un petit bol et à les ciseler à l'aide d'une paire de ciseaux.

Râper

Les cuisiniers râpent toutes sortes d'aliments (fromage, carottes, courgettes, chocolat…) pour en réduire la taille avant de les incorporer à d'autres ingrédients ou de les saupoudrer dessus. Fais attention, se râper les doigts est très vite arrivé !

• Pose la râpe sur une planche à découper bien plate ou dans une assiette pour qu'elle soit bien stable. Tiens-la fermement par le dessus.

• Tiens l'aliment du bout des doigts et passe-le sur la râpe de haut en bas en gardant tes doigts éloignés.

• Ne râpe que de gros morceaux et n'essaie pas de les râper jusqu'au bout – débarrasse-toi des morceaux devenus trop petits pour être râpés en toute sécurité.

Éplucher

Pour éplucher des carottes (ou autres légumes, tels que courgettes ou concombres) :

• Coupe les extrémités.

• Tiens la carotte par un bout et repose l'autre extrémité sur une planche à découper.

• Épluche à l'aide d'un économe en partant à mi-hauteur de la carotte et en allant vers la planche à découper et non ta main.

• Fais pivoter un peu la carotte et continue à l'éplucher selon le même procédé et en la faisant pivoter un peu à chaque fois, jusqu'à ce que la première moitié soit épluchée.

• Retourne la carotte dans l'autre sens et en tenant la partie déjà faite, épluche la deuxième moitié.

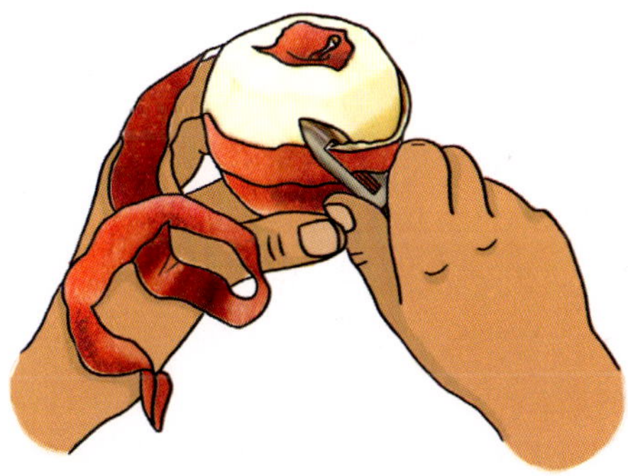

Pour éplucher des pommes de terre ou un fruit, comme la pomme :

• Prends la pomme dans la paume de ta main. En commençant par le haut, épluche-la avec l'économe en la faisant tourner au fur et à mesure : tu obtiens une pelure en spirale.

• Continue à éplucher la pomme en la faisant tourner sur elle-même et essaie de faire la « guirlande » la plus longue possible !

CHAPITRE 1

UNE PÂTE TIP TOP

Tartes à la tomate

La pâte feuilletée est un ingrédient formidable. Achète-la toute prête en rouleau et tu n'auras plus qu'à la dérouler, la couper en cercles, en carrés ou en rectangles et la garnir avec ce qui te fait plaisir ! Cette tarte est un peu comme une pizza, mais elle est beaucoup plus rapide et facile à préparer.

Ingrédients et ustensiles

375 g de pâte feuilletée en rouleau prête à l'emploi

4 cuillers à soupe de concentré de tomates

20 tomates cerises

1 boule de mozzarella

1 poignée de feuilles de basilic

plaque de four

(pour 4 à 6 tartes)

1 Demande à un adulte de préchauffer le four à 200 °C (thermostat 6/7). Verse un peu d'huile d'olive sur du papier absorbant et frotte-le sur ta plaque pour la graisser.

2 Saupoudre un peu de farine sur ton plan de travail. Déroule la pâte feuilletée et, à l'aide d'un couteau à bout rond, coupe-la en parts égales – 4 à 6 carrés ou rectangles, selon le nombre de personnes prévues. Dispose-les sur la plaque de four.

3 À l'aide d'un couteau bien affûté et en travaillant sur une planche à découper, coupe délicatement les tomates en 3 en employant la technique du pont (voir p.12).

4 Prends une cuiller pour étaler un peu de concentré de tomates sur la pâte, en évitant d'en mettre sur les bords.

5 Dispose les tranches de tomates sur le concentré en ne formant qu'une seule couche plutôt que de les entasser.

6 Prends des petits morceaux de mozzarella et pose-les sur les tomates.

7 Demande à un adulte de t'aider à glisser les tartes au four et laisse-les cuire pendant 15 minutes, jusqu'à ce que la pâte soit bien dorée et gonflée et que la mozzarella ait fondu. Fais-toi de nouveau aider pour sortir la plaque du four et saupoudre tes tartes de feuilles de basilic avant de les servir.

Tartelettes au chocolat blanc et aux framboises

Comme pour les tartes à la tomate de la page 16, sers-toi de pâte feuilletée prête à l'emploi. Autrement dit, ces tartelettes estivales sont faciles à préparer. Et tellement jolies !

1 Demande à un adulte de préchauffer le four à 180 °C (thermostat 6). Prends un peu de beurre sur du papier absorbant et graisse toutes les cavités du moule afin que les tartelettes ne collent pas au fond.

Ingrédients et ustensiles

300 g de pâte feuilletée en rouleau prête à l'emploi

100 g de chocolat blanc

2 œufs

125 ml de crème fraîche épaisse

50 g de sucre

300 g de framboises

du sucre glace pour décorer

moule à muffins ou à tartelettes, 12 cavités

emporte-pièce à biscuits, à peu près de la même taille que les cavités du moule

(pour 12 tartelettes)

2 Saupoudre un peu de farine sur ton plan de travail. Déroule la pâte feuilletée et découpe 12 cercles à l'emporte-pièce, puis dépose-les un à un dans les cavités du moule en appuyant délicatement.

3 Casse le chocolat en petits morceaux et place-le dans un saladier résistant à la chaleur. Fais-toi aider d'un adulte pour poser ce récipient sur une casserole d'eau frémissante, en veillant à ce que le fond du saladier ne touche pas l'eau. À l'aide d'une cuiller en bois, remue le chocolat jusqu'à ce qu'il soit fondu. Retire-le du feu et laisse-le refroidir un moment (tu peux aussi faire fondre le chocolat au micro-ondes, voir page 11).

4 Casse les œufs dans un saladier, ôte les morceaux de coquilles si nécessaire, puis bats-les à la fourchette ou au fouet jusqu'à ce qu'ils soient légèrement mousseux.

5

Verse la crème et le sucre sur les œufs et fouette de nouveau, puis ajoute le chocolat fondu et continue à battre jusqu'à ce que le mélange soit lisse et homogène.

6

Verse ce mélange à l'aide d'une cuiller dans les cavités du moule, en ne remplissant pas tout à fait à ras bord.

7

Fais-toi aider pour glisser le moule dans le four préchauffé et laisse cuire pendant 15 minutes ou jusqu'à ce que la pâte soit dorée et que la garniture ait gonflé (ne t'inquiète pas, elle dégonfle en refroidissant). Une fois le moule sorti du four, laisse refroidir.

8

Quand les tartelettes ont refroidi, démoule-les et pose-les sur une grille. Dispose 3 ou 4 framboises sur le dessus de chacune. Verse un peu de sucre glace dans un tamis et saupoudre-le sur les tartelettes.

Tartelettes étoilées

Ainsi coiffées d'une étoile, ces tartelettes sont plus coquettes que les tartes aux pommes traditionnelles. Même quand tu mords dedans, elles restent jolies car la garniture à base de pommes est parsemée de canneberges rouge vif.

Ingrédients et ustensiles

2 pommes à cuire

2 pommes à couteau sucrées

375 g de pâte sucrée prête à l'emploi

50 g de sucre semoule et un peu plus pour saupoudrer

½ cuiller à café de cannelle moulue et un peu pour saupoudrer

jus d'un demi-citron

50 g de canneberges séchées

1 cuiller à soupe de lait

sucre glace pour décorer

moule à tartelettes à 12 cavités

emporte-pièce rond cannelé légèrement plus large que les cavités du moule

emporte-pièce en forme d'étoile

(pour 9 à 12 tartelettes)

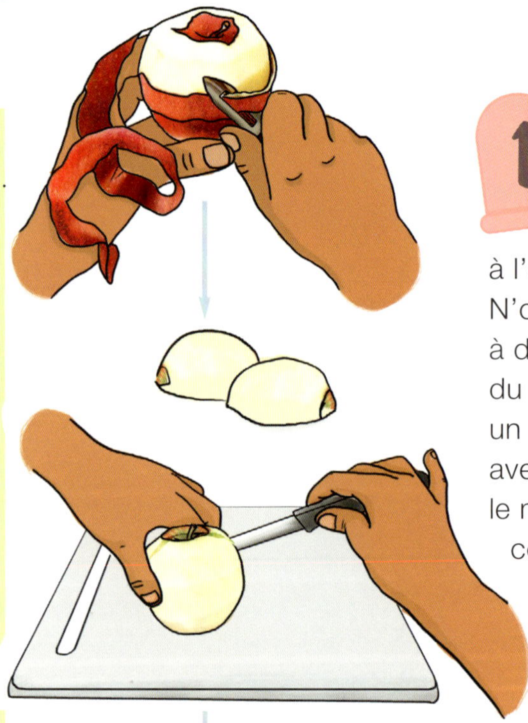

1 Prends un économe et épluche toutes les pommes. Coupe-les en deux puis en quart à l'aide d'un couteau affûté. N'oublie pas d'utiliser une planche à découper et adopte la technique du pont (voir page 12). Demande à un adulte de t'aider à ôter le cœur avec précaution en coupant en V le milieu de chaque quartier. Enfin, coupe les pommes en petits morceaux (voir page 12).

Épluche une pomme EN ENTIER sans casser la pelure !

2 Verse les pommes dans une casserole de taille moyenne et ajoute le sucre, la cannelle, le jus de citron et les canneberges. Demande à un adulte de te montrer comment chauffer à feu doux ou moyen. Remue une fois de temps en temps, jusqu'à ce que les morceaux de pommes aient ramolli.

3 Fais-toi de nouveau aider pour retirer la casserole du feu. Laisse refroidir un moment puis goûte et, si nécessaire, ajoute un peu de sucre. Laisse reposer jusqu'à refroidissement complet.

4 Demande à ton aide de préchauffer le four à 180 °C (thermostat 6).

5 Prends un peu de beurre sur du papier absorbant et graisse toutes les cavités du moule. Saupoudre un peu de farine sur ton plan de travail propre. Abaisse la pâte à 3 mm d'épaisseur (ce qui est assez fin). Découpe 9 cercles à l'emporte-pièce cannelé, puis dispose-les dans les cavités du moule en pressant légèrement.

6 Remplis-les pas tout à fait à ras bord avec le mélange à base de pommes, en t'aidant d'une cuiller à café.

7 Rassemble les restes de pâte, pétris-les très légèrement pour former une boule et étale-la. Découpe à l'emporte-pièce les 9 étoiles devant coiffer les tartelettes.

8 S'il reste un peu de pâte, rassemble les rognures et étale de nouveau, puis coupe autant de cercles que d'étoiles pour réaliser d'autres tartelettes.

9 Verse un peu de lait dans une tasse. À l'aide d'un pinceau, dépose un peu de lait sur le pourtour de chaque cercle et pose les étoiles par-dessus. Appuie délicatement sur les extrémités des pointes pour qu'elles adhèrent bien. Ajoute un peu de lait au pinceau sur le dessus des étoiles.

10 Dans un petit bol, mélange deux cuillers à soupe de sucre avec une pincée de cannelle moulue et saupoudres-en les tartelettes.

11 Fais-toi aider pour glisser le moule à mi-hauteur dans le four préchauffé. Laisse cuire environ 25 minutes : la pâte doit être bien dorée et la garniture aux fruits doit faire des bulles.

12 Une fois le moule sorti du four, laisse les tartelettes refroidir, puis saupoudre un peu de sucre glace tamisé dessus.

Tartelettes à la tomate, aux fines herbes et à la feta

Avez-vous l'intention, tes parents ou toi, d'organiser une fête ? Aussi élégantes qu'exquises, ces petites tartelettes ne manqueront pas d'impressionner les invités. On se lance ?

Ingrédients et ustensiles

375 g de pâte brisée prête à l'emploi

1 œuf battu (voir page 18)

Pour les tomates confites :

12 grosses tomates cerises bien mûres

4 cuillers à soupe d'huile d'olive

1 cuiller à soupe d'origan séché

Pour la garniture au fromage et aux fines herbes :

1 œuf de gros calibre

80 g de fromage frais à l'ail et aux fines herbes

150 ml de crème fraîche épaisse

75 g de feta

sel et poivre noir fraîchement moulu

quelques herbes aromatiques, comme persil, basilic ou ciboulette (facultatif)

brins de thym frais (en très petite quantité)

emporte-pièce à biscuits ordinaires de 6 cm de diamètre

2 mini-moules à muffins de 12 cavités

papier aluminium ou sulfurisé et haricots secs

plaque de four

(pour 24 tartelettes)

1 Prends un peu de beurre sur du papier absorbant et graisse les cavités du moule. Pour réaliser les fonds de tartelettes, saupoudre un peu de farine sur le plan de travail et abaisse très finement la pâte à environ 3 mm d'épaisseur.

2 Découpe 24 cercles à l'emporte-pièce les uns à côté des autres. Il te faudra peut-être réunir les restes de pâte et abaisser de nouveau.

3 Garnis le moule avec les cercles en pressant un peu, puis pique-les avec une fourchette pour empêcher la pâte de gonfler. Mets au réfrigérateur pendant 15 minutes et demande à un adulte de préchauffer le four à 200 °C (thermostat 6/7).

4 Pour cuire à blanc, place une coupelle en papier ou du papier aluminium ou sulfurisé sur chaque tartelette et remplis-les de haricots secs. Fais-toi aider pour glisser les moules au four, où tu les laisses pendant 8 à 10 minutes.

5 Une fois les moules retirés du four, enlève les haricots dans leur papier aluminium ou sulfurisé. Remets les moules au four 5 à 7 minutes. Fais-toi aider pour badigeonner d'œuf battu les bases des tartelettes à l'aide du pinceau et remets au four 5 minutes, jusqu'à ce que l'œuf soit sec et brillant. Ceci évitera à la pâte de ramollir quand tu ajouteras la garniture.

6 Demande à ton aide de baisser le four à 160 °C (thermostat 5) pour qu'il soit prêt pour faire griller les tomates. Verse un peu d'huile d'olive sur du papier absorbant et graisse la plaque de four.

7 Coupe délicatement les tomates en deux en adoptant la technique du pont (voir page 12). Utilise un couteau affûté et n'oublie pas la planche à découper. Dispose les tomates sur la plaque, côté plat vers le haut.

8 Verse l'huile d'olive dans un petit bol et ajoute l'origan, un peu de sel et beaucoup de poivre. Mélange bien et applique au pinceau sur les tomates. Fais-toi de nouveau aider pour les mettre au four et laisse-les cuire entre 1 heure et demi et 2 heures. Elles doivent se flétrir un peu mais rester rouge vif ; si elles deviennent trop foncées, elles seront acides.

Coquettes, les TARTELETTES AU FROMAGE !

9 Maintenant, prépare la garniture au fromage. Casse d'abord l'œuf dans un saladier en ôtant les petits morceaux si nécessaire. Ajoute le fromage frais, la crème et un peu de sel et de poivre puis fouette le tout jusqu'à ce que le mélange soit homogène. Si tu veux que tes tartelettes soient encore plus parfumées, hache très finement les herbes fraîches sur une planche à découper au moyen d'un couteau affûté (voir page 12). Incorpore-les à ta garniture au fromage.

10 Coupe la feta en 24 petits cubes qui iront se loger sur les tartelettes.

11 La fête va commencer : demande à un adulte de régler le four à 180 °C (thermostat 6). Dispose les tartelettes sur la plaque, dépose une cuillerée de garniture au fromage et aux fines herbes dans chacune d'elles et pose un cube de feta par-dessus. Fais-toi aider pour mettre au four et laisse cuire 15 à 20 minutes ou jusqu'à ce que la garniture se raffermisse.

12 Lorsqu'on t'a sorti les tartelettes du four, dispose-les sur un plat. Coiffe-les d'une demi tomate chacune. Pique un minuscule brin de thym sur le haut de chaque tomate. Fais passer le plat parmi les invités pendant qu'elles sont chaudes.

Petites tartes aux fraises

L'été, qu'y a-t-il de plus succulent qu'une tarte aux fraises ? Avec leur magnifique glaçage brillant, ces tartelettes semblent avoir été préparées par un chef. L'idéal est de les manger le jour même – y arriveras-tu ?

Ingrédients et ustensiles

450 g de pâte sucrée prête à l'emploi

500 g de fraises fraîches (petit calibre)

225 g de confiture de framboise

2 plaques de four

(pour 4 tartelettes)

1 Prends un peu de beurre sur du papier absorbant et graisse les plaques de four sur toute leur surface.

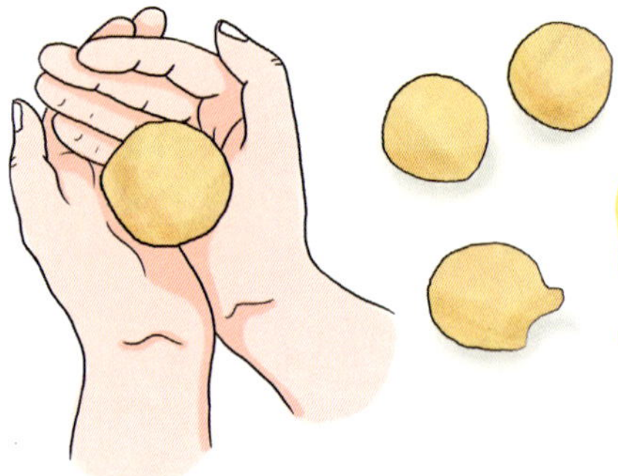

2 Divise la pâte en 4 parties égales et forme une boule dans tes mains avec chacune d'elles.

3 Dispose deux boules par plaque, bien éloignées l'une de l'autre (elles vont s'étaler à la cuisson). Presse la pâte sous tes doigts et aplatis-la de façon à obtenir des cercles d'environ 5 mm d'épaisseur et 10 cm de diamètre.

4 Pince le bord des cercles du bout des doigts pour modeler une jolie forme et pique-les ensuite à la fourchette (les minuscules trous d'air empêcheront la base de faire des bulles à la cuisson). Mets-les au réfrigérateur pendant 10 minutes.

5 Demande à un adulte de préchauffer le four à 180 °C (thermostat 6) et, quand la pâte est bien réfrigérée, de t'aider à glisser les plaques au four. Laisse cuire pendant 20 minutes, jusqu'à ce que les fonds soient légèrement dorés. Une fois les tartelettes sorties du four, laisse-les refroidir sur leur plaque.

6 Trie les fraises et jette celles qui ne sont plus bonnes. Rince-les à l'eau dans une passoire et sèche-les avec du papier absorbant. Équeute-les soigneusement avec tes doigts ou à l'aide d'un petit couteau.

7 Pour réaliser le glaçage, transvase la confiture dans une petite casserole. Ajoute 1 cuiller à soupe d'eau et fais-toi aider pour chauffer très doucement, en remuant avec une cuiller en bois. La confiture va fondre et se transformer en sirop épais, lisse et chaud. Retire du feu avant que cela commence à bouillir. Tu peux aussi utiliser le micro-ondes – voir page 11.

8 Pose les bases de tartelettes sur un plat de service. À l'aide d'un pinceau, applique un peu de glaçage chaud au centre de chaque cercle, en évitant d'en mettre sur les bords.

9 Dispose les fraises par-dessus, côté pointu vers le haut. Badigeonne-les au pinceau du reste de sirop de façon à les recouvrir complètement. Si le glaçage commence à se gélifier avant que tu aies terminé, refais-le chauffer doucement.

10 Attends que le sirop ait pris (il faut environ 20 minutes) et sers sans attendre : c'est à ce moment qu'elles sont les meilleures !

Pailles au fromage

Les pailles au fromage sont de délicieux amuse-bouches, à consommer telles quelles ou à tremper dans des sauces variées. Elles sont très faciles et rapides à préparer à l'aide d'un robot ménager, à condition que tu te fasses aider d'un adulte, mais tu peux aussi les faire à la main. Tes pailles peuvent être géantes ou de la taille de ton petit doigt.

Ingrédients et ustensiles

125 g de farine complète

65 g de beurre doux ramolli et un peu plus pour graisser

85 g de parmesan

1 œuf

plaque de four

(pour 20 petites pailles ou 10 géantes)

1 Prends un peu de beurre ramolli sur du papier absorbant et graisse la plaque.

2 Sépare le jaune du blanc de l'œuf. Pour cela, casse l'œuf sur une petite assiette en gardant le jaune entier. Coiffe le jaune d'un coquetier et, en tenant l'assiette au-dessus d'un bol, fais glisser le blanc (tu n'as pas besoin du blanc pour cette recette).

3 Si ton parmesan n'est pas déjà râpé, râpe-le sur une assiette en utilisant les trous les plus fins de ta râpe à fromage.

À TREMPER DANS LA SAUCE !

4 Cette étape peut se faire de deux façons. Si un adulte t'aide, malaxe la farine et le beurre au robot jusqu'à ce que le mélange ait une consistance sableuse. Ajoute deux tiers du fromage (50 g), le jaune d'œuf et 2 à 3 cuillers à soupe d'eau, puis actionne le robot en t'arrêtant de temps en temps, jusqu'à ce qu'il se forme une boule de pâte.
Si tu travailles à la main, incorpore le beurre à la farine en les frottant entre tes doigts et tes pouces (voir page 9). Ajoute 2/3 (50 g) de fromage, le jaune d'œuf et 2 à 3 cuillers à soupe d'eau. Malaxe le tout jusqu'à obtention d'une boule de pâte, soit à la spatule, soit à la main (parfois plus facile).

5 Sors la pâte du robot ou du bol avec précaution, aplatis-la légèrement, enveloppe-la de film alimentaire et mets-la au réfrigérateur pendant 30 minutes.

6 Demande à un adulte de t'aider pour allumer le four à 200 °C (thermostat 6/7).

7 Si tu prévois de longues pailles, saupoudre légèrement ta surface de travail de farine et abaisse la pâte à environ 1 cm d'épaisseur, de façon à former un rectangle dont la longeur sera celle des pailles. Découpe le rectangle en bandes d'environ 1 cm de large. Dispose-les sur la plaque et saupoudre-les du reste de fromage. Pour des petites pailles, tu dois découper ton rectangle en deux.

8 Fais-toi de nouveau aider pour glisser la plaque au four préchauffé et laisse cuire pendant 10 minutes ou jusqu'à ce que les pailles soient dorées.

9 Une fois sorties du four, laisse-les sur la plaque quelques minutes, puis transfère-les sur une grille pour refroidissement complet.

Strudel aux pommes

Cette recette emploie une pâte filo, très fine, feuilletée et savoureuse. Elle s'achète prête à dérouler, rien de plus facile mais le résultat est impressionnant. Utilise une variété de pommes acidulées plutôt que douces, qui n'ont pas forcément de saveur.

Ingrédients et ustensiles

225 g de pâte filo en rouleau prête à l'emploi

9 biscuits amaretti

4 pommes moyennes

65 g de sucre

1½ cuiller à café de cannelle moulue

60 g de beurre doux et un peu plus pour graisser

2 cuillers à soupe d'amandes effilées (ou raisins secs, myrtilles séchées…)

sucre glace

crème fraîche ou yaourt

grande plaque de cuisson

(pour 6 personnes)

1 Demande à un adulte de t'aider à allumer le four à 200 °C (thermostat 6/7). Prends un peu de beurre ramolli sur du papier absorbant, graisse la plaque de cuisson. Si nécessaire, laisse la pâte décongeler avant emploi. Ne la déroule pas avant d'en avoir besoin, sinon elle sèche et devient friable.

2 Mets les biscuits amaretti dans un sac plastique et réduis-les en miettes en les écrasant doucement avec un rouleau à pâtisserie.

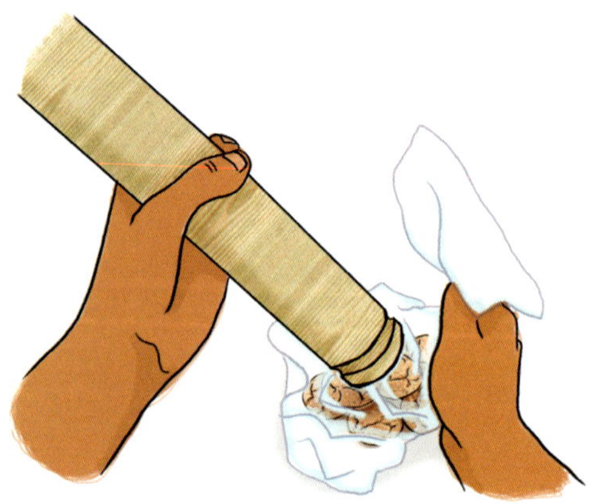

3 À présent, prépare les pommes. D'abord, pèle-les avec un couteau économe.

4

Coupe les pommes en deux puis en quarts à l'aide d'un couteau bien affûté. N'oublie pas d'employer une planche à découper et de tenir la pomme en « pont » (voir page 12). Un adulte t'aidera à retirer délicatement le cœur des fruits en découpant un V au milieu de chaque quartier. Enfin, coupe les pommes en petits morceaux (voir page 12).

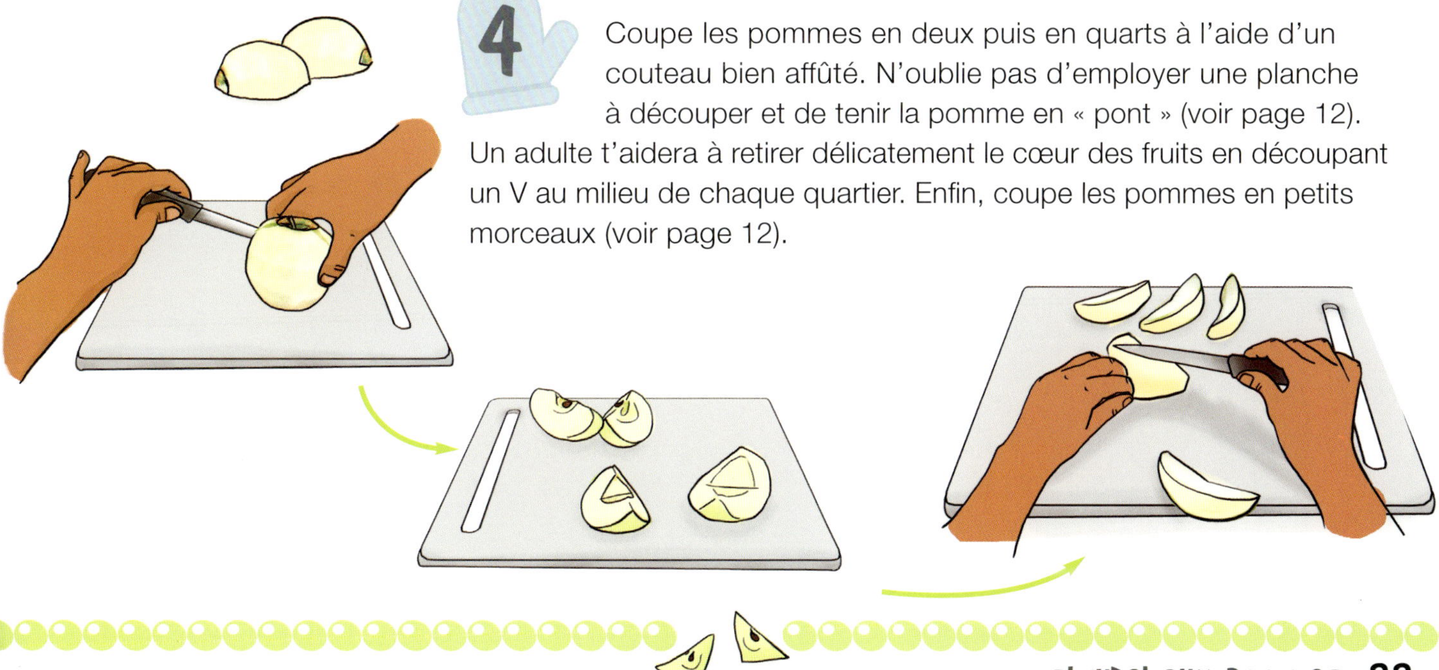

5 Mélange le sucre et la cannelle dans un petit bol.

6 Fais-toi aider pour faire fondre le beurre à feu très doux dans une petite casserole, ou à température moyenne au micro-ondes, pendant 25 secondes et dans un plat adapté.

7 Déballe la pâte et sépare les feuilles. Place une grande feuille de papier sulfurisé sur la surface de travail, puis pose les feuilles de pâte dessus en les faisant se chevaucher, puis forme un rectangle d'environ 56 x 71 cm, avec un grand côté vers toi. Il te faut 4 à 5 feuilles.

8 À l'aide d'un pinceau à pâtisserie, étale à peu près la moitié du beurre fondu sur toute la surface de la pâte.

9 En laissant une bordure d'environ 5 cm, parsème la pâte de miettes d'amaretti, puis recouvre-les avec les morceaux de pommes. Saupoudre du mélange sucre/cannelle, puis ajoute les amandes (ou fruits secs).

10 Et maintenant, la partie la plus amusante : rouler le strudel ! Replie d'abord les bords des deux petits côtés, puis le bord long le plus près de toi. Commence à rouler le strudel à partir de ce côté en t'aidant du papier sulfurisé – mais attention à ne pas rouler le papier dans le strudel. Si la pâte se fend et la garniture se répand, il te suffit de remettre le tout en place avec tes doigts. Continue à rouler jusqu'à ce que tu obtiennes un rouleau long et épais.

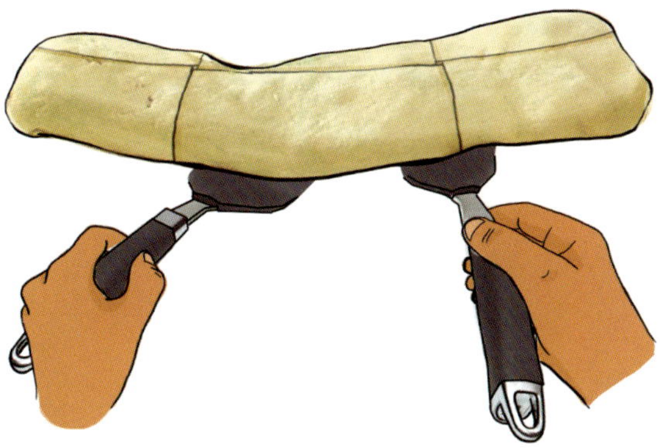

11 Comme il est difficile de soulever le strudel tout seul, fais-toi aider pour le transférer sur la plaque graissée – utilise deux spatules pour le soutenir et, si nécessaire, soulève-le dans son papier. Si le rouleau est plus grand que la plaque, tu peux le disposer en fer à cheval. S'il se fend, remets en place en pressant, on ne verra plus rien après la cuisson ! Badigeonne toute la surface au pinceau avec le reste de beurre fondu.

12 Fais-toi aider pour enfourner le strudel et fais cuire pendant 35 minutes ou jusqu'à ce que la pâte soit dorée.

13 Toujours aidé d'un adulte, sors la plaque du four puis verse 2 cuillers à soupe de sucre glace dans un chinois et tamise-le sur le strudel. Découpe-le en tranches et déguste-le chaud ou tiède avec de la crème fraîche ou du yaourt.

Un strudel bien CROUSTILLANT !

Tartelettes Pomme Caramel

Préparées avec de vrais caramels, ces tartelettes originales ont toujours beaucoup de succès. Il est bon d'apprendre à faire la pâte soi-même, mais tu as le droit de « tricher » en employant une pâte toute prête du commerce. Si tu utilises des pommes bio, tu n'as pas besoin de les peler !

Ingrédients et ustensiles

Pour la pâte sucrée :

125 g de beurre doux sortant du réfrigérateur

225 g de farine ordinaire (sans levure)

1 cuiller à café de sucre

1 œuf

1 à 2 cuillers à soupe d'eau froide

Pour la garniture :

6 à 8 pommes à couteau

12 caramels durs

moules pour 2 x 12 muffins

emporte-pièce rond de 7,5 cm de diamètre

(pour 24 tartelettes)

1

Pour faire la pâte, verse la farine dans un saladier. Coupe le beurre en très petits morceaux à l'aide d'un couteau à lame arrondie puis incorpore-les à la farine en les frottant entre tes doigts, jusqu'à ce que le mélange prenne une consistance sableuse (voir page 9).

2

Sépare le jaune du blanc d'œuf. Pour cela, casse l'œuf sur une petite assiette en gardant le jaune entier. Coiffe le jaune d'un coquetier et, en tenant l'assiette au-dessus d'un bol, fais glisser le blanc (tu n'as pas besoin du blanc pour cette recette).

3

Ajoute le sucre, le jaune d'œuf et l'eau au mélange sableux puis remue à l'aide du couteau à lame arrondie jusqu'à ce que tu puisses former une boule homogène avec tes mains. Enveloppe la pâte dans du film alimentaire et laisse-la reposer au réfrigérateur pendant 30 minutes – elle sera plus facile à étaler.

4 Demande à un adulte de t'aider à allumer le four à 180 °C (thermostat 6). Prends un peu de beurre mou sur du papier absorbant et graisse l'intérieur des moules.

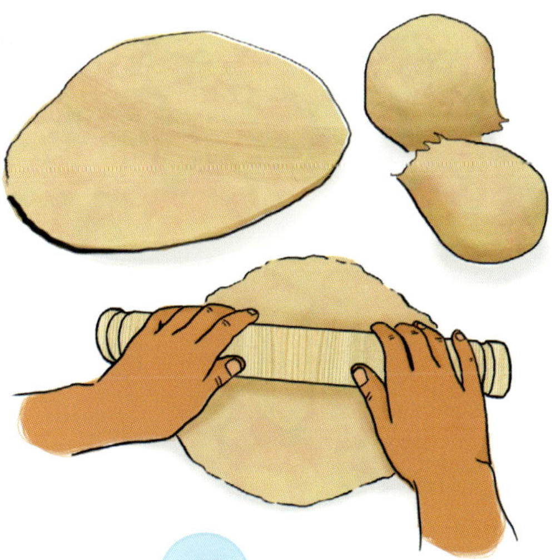

5 Comme il est plus facile d'étaler des plus petits morceaux de pâte, partage la tienne en 4. Saupoudre un peu de farine sur ta surface de travail, puis abaisse la pâte, un morceau après l'autre, à environ 5 mm d'épaisseur.

C'est fondant, collant... **DÉLICIEUX !**

6 Plonge l'emporte-pièce dans la farine puis découpe 24 cercles dans la pâte. Dépose-les dans les moules en pressant légèrement.

7 À l'aide d'un couteau affûté, coupe les pommes en deux, puis en quarts. N'oublie pas d'employer une planche à découper et de tenir la pomme en « pont » (voir page 12). Un adulte t'aidera à retirer délicatement le cœur des fruits en découpant un V au milieu de chaque quartier. Enfin, coupe les pommes en petits morceaux (voir page 12), que tu répartis ensuite dans les cavités garnies de pâte.

8 Mets les caramels dans un sac plastique solide et sur une surface stable, frappe-les doucement au rouleau à pâtisserie pour les casser en petits morceaux.

9 Disperse les morceaux de caramel de manière régulière sur les pommes en veillant à ce que chaque tartelette en ait suffisamment.

10 Une fois les moules glissés au four, laisse cuire environ 15 minutes, jusqu'à ce que le caramel fonde et que les pommes soient cuites. Fais-toi aider pour les sortir du four et laisse refroidir pendant quelques minutes avant de les démouler (le caramel est très chaud et tu risquerais de te brûler).

Mini-quiches

Ici, tu peux faire la pâte toi-même si tu as du temps, mais si tu es pressé, utilise une pâte brisée du commerce. Tu peux expérimenter toutes sortes de garnitures : thon et grains de maïs, lardons et fromage, brocolis et saumon... Ou, comme un vrai chef, invente ta propre garniture !

Ingrédients et ustensiles

- 450 g de pâte brisée en rouleau prêt à l'emploi
- 1 petit oignon
- 1 petite gousse d'ail (facultatif)
- 1 cuiller à soupe d'huile d'olive
- 1 œuf
- 75 ml de crème fraîche épaisse
- 75 ml de lait
- 2 filets de saumon (sans la peau)
- parmesan

moules pour 2 x 12 muffins

emporte-pièce à peu près à la taille des cavités du moule

1 Demande à un adulte de préchauffer le four à 200 °C (thermostat 6/7). Prends un peu de beurre sur du papier absorbant et graisse l'intérieur des 18 moules.

2 Saupoudre un peu de farine sur ta surface de travail et sur ton rouleau à pâtisserie puis abaisse la pâte sur environ 3 mm d'épaisseur. À l'aide de l'emporte-pièce, découpe des cercles rapprochés le plus possible les uns des autres. Quand tu as tout découpé, rassemble les rognures et étale de nouveau la pâte. Il te faut 18 cercles au total.

3 Dépose les cercles dans les moules et pique le fond de chaque mini-quiche avec une fourchette, ce qui les empêchera de lever.

4 Fais-toi aider pour glisser les moules au four préchauffé et laisse cuire 5 minutes : la pâte doit être très légèrement dorée. Retire du four et mets de côté, sans démouler. Laisse le four allumé.

5 Prépare tout ce dont tu as besoin pour la garniture. D'abord l'oignon : enlève la fine pellicule et pose l'oignon sur une planche à découper.
Avec la technique du « pont » (voir page 12), coupe l'oignon en deux à l'aide d'un couteau affûté (fais très attention, les oignons sont glissants et la lame peut facilement dévier). Pose les deux moitiés à plat sur la planche, enlève les racines si nécessaire et coupe-les en très petits morceaux.

6 Si tu utilises de l'ail, retire la peau fine de la gousse et place-la dans le presse-ail, mais attends avant de presser.

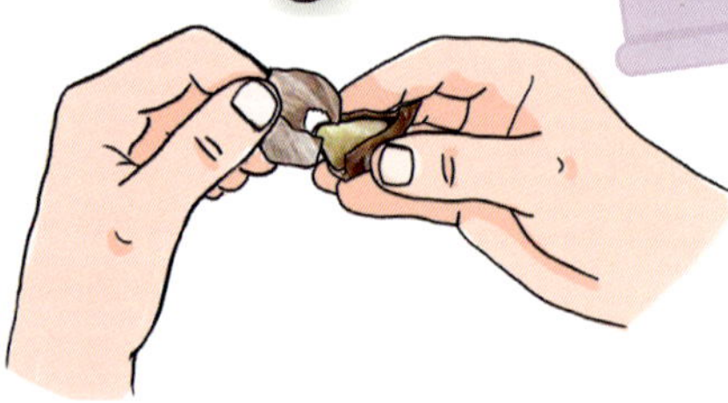

7 Demande à un adulte de mettre une poêle à frire sur la plaque de cuisson à feu moyen. Verse une cuiller à soupe d'huile d'olive et, quand elle est chaude, ajoute l'oignon. Presse l'ail directement au-dessus de la poêle. Fais revenir doucement l'oignon et l'ail pendant environ 5 minutes, jusqu'à ce que l'oignon ramollisse. Retire la poêle du feu et mets-la de côté pour laisser refroidir un peu.

8 Mets le saumon sur la planche à découper et, avec ton couteau, coupe-le en petits cubes. Râpe le parmesan finement sur une assiette – il t'en faut à peu près deux poignées.

9 Tapote l'œuf sur le côté d'un pichet et écarte les deux moitiés avec tes doigts. Ôte les bouts de coquilles ayant pu tomber. Ajoute la crème et le lait, puis mélange au moyen d'un fouet métallique.

10 Garnis les quiches d'un peu de saumon et du mélange refroidi à base d'oignon, en répartissant de manière égale dans les fonds de pâte, puis verse le mélange à base d'œuf, mais sans remplir tout à fait à ras bord. Parsème chaque quiche de parmesan.

11 Fais-toi aider pour mettre au four et laisse cuire 5 à 6 minutes, jusqu'à ce que les quiches aient gonflé (le dessus est légèrement doré) et que l'œuf soit cuit. Après la sortie du four, laisse-les refroidir quelques minutes avant de démouler.

IDÉAL pour un PIQUE-NIQUE !

CHAPITRE 2

PETITES DOUCEURS

Granolas au chocolat

Avec ces barres aux céréales, aux fruits et aux amandes, tu peux clamer haut et fort qu'elles sont bonnes pour la santé ! Mais elles contiennent aussi du sucre et du beurre et sont recouvertes de pépites de chocolat, elles font donc un délicieux petit dessert à croquer !

Ingrédients et ustensiles

30 g d'amandes entières (facultatif)

40 g de chocolat au lait

cerises confites (facultatif)

125 g de beurre doux

100 g de sucre roux

4 cuillers à soupe de sirop de maïs allégé

190 g de flocons d'avoine

40 g de noix de coco râpée (séchée, non sucrée)

moule à gâteau carré de 23 cm

papier sulfurisé

(pour 12 granolas)

1 Demande à un adulte de préchauffer le four à 180 °C (thermostat 6).

2 Prépare ton moule en frottant du papier absorbant enduit d'un peu de beurre pour le graisser. Ensuite, pose le moule sur du papier sulfurisé, trace le contour et découpe le carré, puis ajuste-le au fond du moule.

3 Si tu emploies des amandes, coupe-les en gros morceaux sans te blesser. N'oublie pas d'utiliser une planche à découper et un couteau affûté. Mets de côté les amandes dans un petit bol. Maintenant, hache le chocolat et mets-le dans un autre bol. Si tu prévois des cerises confites, coupe-les en petits morceaux et mets-les de côté.

Chocolat, flocons d'avoine... LE PLEIN D'ÉNERGIE !

4

Mets le beurre, le sucre et le sirop de maïs dans une casserole et fais-toi aider pour la placer sur la plaque de cuisson à feu doux. Remue jusqu'à ce que le beurre ait fondu et que le sucre soit dissous.

5 Retire la casserole du feu et incorpore au mélange fondu les flocons d'avoine et la noix de coco.

6 Malaxe bien le tout, puis aide-toi d'une cuiller pour garnir le moule du mélange à base de flocons d'avoine, en étalant et en pressant de manière régulière avec le dos de la cuiller.

7 Parsème d'amandes et de cerises (si tu en as prévu) et enfonce-les légèrement dans le mélange avec le dos de la cuiller.

8 Demande à un adulte de mettre le moule au four préchauffé et laisse cuire 15 à 20 minutes. Une fois le moule sorti du four, parsème immédiatement d'éclats de chocolat pour qu'ils fondent un peu au contact des céréales chaudes.

9 Pendant que le tout est encore chaud, forme des barres ou des carrés en t'aidant d'un couteau à bout rond, puis laisse refroidir avant de les découper et de les démouler. Ces granolas se conservent 4 à 5 jours dans un récipient hermétiquement fermé.

Crumble aux fruits

Rien de tel qu'un dessert fait maison pour terminer un repas en beauté. Avec celui-ci, tes amis ou tes proches vont se régaler !

1 Demande à un adulte de préchauffer le four à 190 °C (thermostat 6).

2 Prends un peu de beurre sur du papier absorbant et graisse tout l'intérieur du plat.

Ingrédients et ustensiles

2 grosses pommes Granny Smith ou 2 poires moyennes

200 g de framboises fraîches ou congelées (ou myrtilles, mûres…)

2 cuillers à soupe de sucre blanc ou roux

Pour le nappage (croustillant) :

100 g de farine ordinaire (sans levure)

90 g de beurre doux

65 g de sucre brun

plat de taille moyenne allant au four

(pour 4 personnes)

3 Pèle les pommes ou les poires à l'aide d'un couteau économe, puis coupe-les en deux puis en quarts avec un couteau ordinaire affûté. N'oublie pas d'employer une planche à découper et de tenir la pomme en « pont » (voir page 12). Un adulte t'aidera à retirer délicatement le cœur des fruits en découpant un V au milieu de chaque quartier. Enfin, coupe les fruits en petits morceaux (voir page 12).

4 Verse les fruits dans le plat et ajoute les fruits rouges (inutile de les décongeler). Saupoudre de sucre et mélange brièvement et délicatement pour bien répartir les fruits dans le plat (tu peux utiliser tes doigts).

5 Pour faire la garniture, coupe le beurre en cubes et mets-les dans un bol avec la farine. Prends des petites quantités de beurre et de farine et frotte-les ensemble du bout des doigts. Continue ainsi pour incorporer le beurre graduellement à la farine, jusqu'à ce que le mélange prenne une consistance sableuse, puis ajoute le sucre et mélange-le au reste avec tes doigts. Pétris quelques parties du mélange pour les agglutiner.

6 Répands le mélange sur les fruits, sans appuyer. Fais-toi aider pour mettre le plat au four préchauffé et laisse cuire pendant 25 minutes : des bulles se forment et la surface est dorée.

7 Fais-toi aider de nouveau pour retirer le plat du four. Tu peux savourer ton dessert sans attendre ou le manger tiède ou froid.

Exquis avec une BOULE DE GLACE !

Lapin Pascal en Biscuit

Tu peux offrir ces adorables biscuits à Pâques ou t'en servir pour égayer la table du goûter lors d'un anniversaire célébré au printemps. Les emporte-pièces en forme de lapin s'achètent dans les magasins de matériel culinaire ou sur Internet.

Ingrédients et ustensiles

Pour la pâte :

250 g de farine ordinaire (sans levure)

140 g de farine à gâteaux

une pincée de sel

250 g de beurre doux à température ambiante

125 g de sucre semoule brun

1 œuf

1 cuiller à café d'extrait de vanille

Pour décorer :

450 g de fondant blanc pour glaçage

sucre glace

fondant à décor rose et noir

rubans à carreaux vichy bleu et rose, 1 m de chaque

emporte-pièces « lapin » (2 formes si possible)

2 plaques à pâtisserie

papier sulfurisé

(pour 12 lapins)

1 Tiens un grand tamis au-dessus d'un saladier. Verses-y les deux sortes de farine et le sel, tamise le tout et mets le saladier de côté.

2 Mets le beurre mou et le sucre dans un autre saladier et malaxe avec une cuiller en bois jusqu'à ce que le mélange soit souple, crémeux et de couleur pâle. Si un adulte t'aide, tu peux employer un batteur électrique.

3 Casse l'œuf avec précaution sur une assiette et utilise un coquetier pour séparer le jaune du blanc (voir page 29). Pour cette recette, tu n'as pas besoin du blanc.

4 Ajoute le jaune d'œuf et l'extrait de vanille au mélange à base de beurre et malaxe bien tous les ingrédients.

5

Ajoute la farine et malaxe le tout jusqu'à ce que la farine soit bien incorporée et que tu aies obtenu une belle boule de pâte.

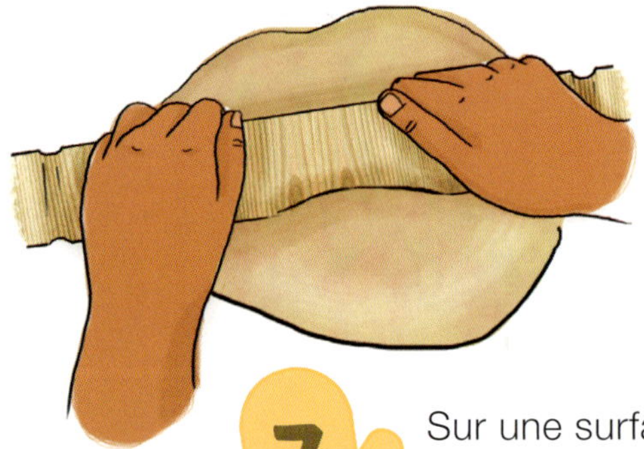

6 Mets la pâte dans un sachet plastique alimentaire refermable ou enrobe-la de film alimentaire et laisse au réfrigérateur pendant 1 à 2 heures. Puis recouvre tes plaques à pâtisserie de papier sulfurisé et demande à un adulte de préchauffer le four à 200 °C (thermostat 6/7).

7 Sur une surface de travail propre et farinée, abaisse la pâte à 5 mm d'épaisseur.

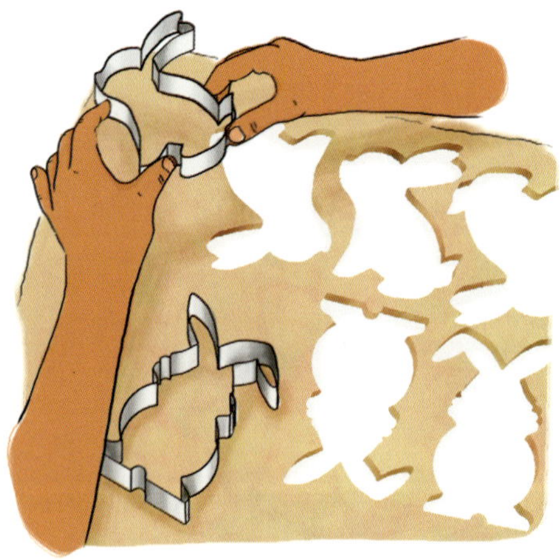

8 Découpe le plus grand nombre possible de lapins à l'emporte-pièce en les rapprochant au maximum les uns des autres. Quand tu as terminé, rassemble les rognures de pâte et étale-la de nouveau pour découper d'autres lapins.

9 Dispose les biscuits sur les plaques et fais-toi aider pour les enfourner. Laisse cuire 12 à 16 minutes, jusqu'à ce que les biscuits soient dorés. Une fois sortis du four, laisse-les refroidir sur une grille.

10 Pour décorer les biscuits, prépare d'abord une « colle comestible » : verse 2 cuillers à soupe de sucre dans une tasse, ajoute la même quantité d'eau chaude et remue.

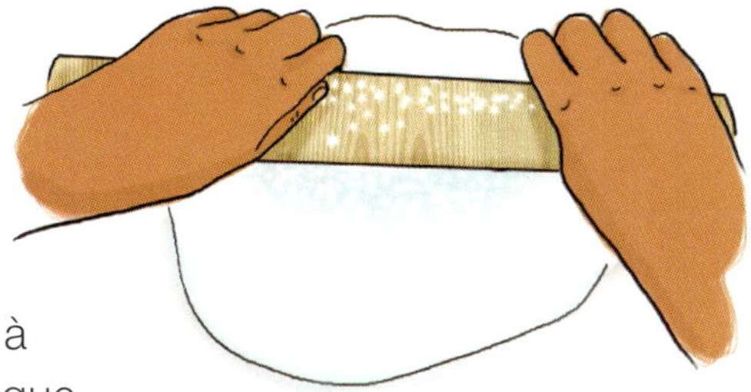

11

Saupoudre un peu de sucre glace sur une surface propre. Abaisse le fondant pour glaçage à environ 5 mm d'épaisseur. À chaque fois que tu l'étales, soulève-le, tourne-le un peu et saupoudre de nouveau un peu de sucre glace pour éviter qu'il colle sur la surface de travail, de même que sur le rouleau à pâtisserie s'il colle aussi.

Craquants LAPINS de Pâques !

12

Dépose un peu de « colle au sucre » sur le premier biscuit. À l'aide de l'emporte-pièce, découpe un lapin dans le fondant de glaçage et colle-le soigneusement sur le biscuit. Continue ainsi avec les suivants.

13

Dessine les yeux, le nez, la queue et les moustaches à l'aide du fondant à décors. Pour la queue en pompon, forme un tas de points très rapprochés. Quand le fondant a durci, noue sans serrer un morceau de ruban autour du cou de chaque lapin.

Brownies « miam-miam »

Pour les amateurs de chocolat ! Enrobe tes brownies d'un succulent nappage de crème au beurre chocolatée et décore-les de bonbons colorés.

Ingrédients et ustensiles

Pour les brownies :

100 g de noix (de Pécan par exemple) concassées

175 g de beurre doux

250 g de chocolat noir

250 g de sucre semoule

3 œufs

1 cuiller à café d'extrait de vanille

150 g de farine ordinaire (sans levure)

une pincée de sel

bonbons colorés et vermicelles à saupoudrer

Pour la crème au beurre chocolatée :

175 g de chocolat noir

125 g de beurre doux

125 ml de lait

1 cuiller à café d'extrait de vanille

225 g de sucre glace tamisé

moule carré de 23 cm

papier sulfurisé

plaque à pâtisserie

(pour 16 brownies)

1 Demande à un adulte d'allumer le four à 180 °C (thermostat 6).

2 Prépare ton moule en frottant du papier absorbant enduit d'un peu de beurre à l'intérieur pour le graisser. Pose ton moule sur du papier sulfurisé, trace son contour et découpe le carré. Ajuste-le au fond du moule.

3 Disperse les noix sur la plaque à pâtisserie et fais-toi aider pour la glisser dans le four préchauffé, et pour la sortir après les avoir laissées griller 5 minutes. Laisse refroidir.

4 Casse ou coupe le chocolat en petits morceaux. Coupe le beurre en petits cubes (n'oublie jamais la planche à découper).

5 Mets le chocolat et le beurre dans un saladier résistant à la chaleur et fais-toi aider d'un adulte pour les faire fondre au-dessus d'une casserole d'eau tout juste frémissante. Tu peux aussi utiliser le micro-ondes (voir page 11). Remue jusqu'à ce que le mélange soit lisse et homogène puis laisse refroidir un peu.

6 Prends un autre saladier et casse délicatement les œufs dedans. Ôte les morceaux de coquille si nécessaire puis ajoute le sucre et l'extrait de vanille. À l'aide d'une fourchette ou d'un fouet métallique, fouette 2 ou 3 minutes, jusqu'à ce que le mélange soit léger et mousseux.

7 Mets des gants de four (le saladier contenant le chocolat peut être très chaud) et ajoute le mélange à base de chocolat fondu aux œufs sucrés. Mélange bien le tout.

8 Tiens un tamis au-dessus du saladier et tamise la farine, la levure chimique et le sel. Incorpore-les à l'aide d'une cuiller en métal (voir page 10), puis ajoute les noix et remue.

9 Verse la pâte dans le moule et répartis-la de manière uniforme.

10 Fais-toi aider d'un adulte pour glisser le moule à mi-hauteur dans le four préchauffé. Laisse cuire environ 30 minutes, puis laisse refroidir une fois le moule retiré du four.

11 Quand les brownies ont refroidi, glisse un couteau à lame ronde le long des parois du moule pour décoller le gâteau, puis retourne celui-ci sur une planche. Retire le papier sulfurisé et remets le gâteau à l'endroit.

12 À présent, prépare le nappage de crème au beurre. Comme pour les brownies, casse ou coupe le chocolat en petits morceaux et le beurre en petits cubes, puis demande à un adulte de t'aider à faire fondre le tout (voir pages précédentes, étapes 4 et 5).

13 Fouette le lait, la vanille et le sucre dans un saladier pour obtenir un mélange homogène. Puis ajoute le mélange à base de chocolat fondu et remue jusqu'à ce que le tout soit onctueux et épais. Si nécessaire, laisse refroidir 30 minutes pour que le mélange s'étale mieux.

14 Étale une épaisse couche de crème au beurre sur le brownie. Décore-le de tes bonbons favoris et de vermicelles, puis découpe-le en carrés.

Cakes au Beurre De Cacahuète

Le chocolat et le beurre de cacahuète vont très bien ensemble et ces petits cakes sont toujours très appréciés quand tu invites des amis. Comme certaines personnes sont allergiques aux arachides, n'oublie pas de mentionner clairement les cakes qui en contiennent.

Ingrédients et ustensiles

- 4 cuillers à soupe de beurre de cacahuète crémeux
- 30 g de beurre doux bien mou
- 125 g de sucre roux
- 2 œufs de gros calibre
- ½ cuiller à café d'extrait de vanille
- 125 g de farine ordinaire (sans levure)
- 1 cuiller à café de levure chimique
- 4 cuillers à soupe de lait
- 100 g de pépites de chocolat noir
- sucre glace

moule pour 12 muffins

coupelles à muffin en papier

pochoir cœur de la page 126

papier

(pour 12 cakes)

1 Demande à un adulte d'allumer le four à 180 °C (thermostat 6). Place une coupelle en papier dans chaque cavité du moule.

2 Mets le beurre de cacahuètes et le beurre ordinaire dans un saladier. Ajoute le sucre et malaxe à l'aide d'une cuiller en bois. Tu peux aussi utiliser un robot ménager si tu te fais aider par un adulte.

3 Casse les œufs dans un bol (ôte les morceaux de coquille si nécessaire), puis ajoute l'extrait de vanille et mélange le tout à la fourchette.

Un POCHOIR et... le tour est joué !

4

Verse une cuiller à soupe du mélange à base d'œufs dans celui à base de beurre et remue bien. Continue ainsi à raison d'une cuiller à soupe à la fois, en battant bien avant d'ajouter la suivante et jusqu'à ce que le mélange soit homogène.

5

Tiens un tamis au-dessus du saladier, verse dedans la farine et la levure puis tamise-les dans le mélange.

6

Ajoute le lait puis incorpore les ingrédients à l'aide d'une cuiller en métal (voir page 10). Lorsque le mélange est homogène, ajoute les pépites de chocolat et incorpore-le au reste.

7

À l'aide d'une cuiller, répartis le mélange dans les coupelles en papier en les remplissant à peu près au tiers. Demande à un adulte de glisser les cakes au four et laisse cuire 15 à 20 minutes, jusqu'à ce qu'ils prennent une légère coloration dorée. Une fois retirés du four, laisse-les refroidir sur une grille.

8

Pour décorer tes cakes au pochoir, reporte le gabarit de la page 126 sur un morceau de papier. Avec la pointe d'une paire de ciseaux, perce un trou au milieu du cœur et découpe en suivant les contours. Tiens le pochoir au-dessus de chaque cake et passe un pinceau à pâtisserie très légèrement trempé dans du lait ou de l'eau à l'intérieur du cœur, à l'endroit devant recevoir le sucre glace.

9 Mets un peu de sucre glace dans un tamis et saupoudres-en les cakes. Puis secoue chaque cake : comme par magie, la forme du cœur apparaît ! Quand le tout a bien refroidi, place-les dans une boîte hermétiquement fermée et consomme-les dans les 4 jours.

Muffins aux carottes

On te demande toujours de finir tes légumes et tu as bien du mal à le faire ? Alors ces cakes sont faits pour toi ! Ils sont tellement bons que tu ne remarqueras même pas la présence des carottes.

Ingrédients et ustensiles

250 g de carottes

3 œufs

125 g de sucre roux

7 cuillers à soupe d'huile végétale

150 g (dont 2 cuillers à soupe) de farine à gâteaux

1 cuiller à café d'épices pour tarte aux pommes ou de cannelle et noix de muscade moulues et mélangées

75 g de fruits séchés (comme raisins, canneberges, myrtilles…)

65 g de noix de coco râpée séchée (si tu n'aimes pas, augmente la quantité de fruits séchés)

moule pour 12 muffins

12 coupelles à muffin en papier ou silicone

(pour 12 muffins)

1 Demande à un adulte d'allumer le four à 180 °C (thermostat 6). Place les coupelles à muffins dans les cavités du moule.

2 À l'aide d'un couteau affûté, coupe les deux extrémités des carottes (n'oublie pas la planche à découper). Puis épluche les carottes à l'aide d'un économe, comme ceci : tiens la carotte par un bout et repose l'autre bout sur la planche. En commençant à mi-hauteur, fais glisser l'économe contre la carotte, vers le bas et dans la direction opposée à toi. Attention de ne pas te couper ! Fais pivoter un peu la carotte et épluche la bande suivante. Continue ainsi tout autour, puis retourne la carotte et tiens l'autre bout pour éplucher l'autre moitié.

3 Utilise la partie fine de la râpe – les carottes doivent être râpées finement pour bien s'incorporer à la pâte.

Maintenant, les carottes, J'ADORE !

4

Casse les œufs dans un saladier (ôte les morceaux de coquilles s'il y en a), puis bats-les à la fourchette jusqu'à ce que ton mélange soit légèrement mousseux.

5 Ajoute le sucre et, à l'aide d'un fouet en métal, fouette pour obtenir un mélange épais et crémeux. Tu peux aussi employer un batteur électrique si tu te fais aider par un adulte.

6 Continue à fouetter en ajoutant l'huile, juste un peu à la fois, jusqu'à ce que le tout soit bien homogène.

7 Ajoute la farine, les épices (ou cannelle et noix de muscade), la noix de coco, les fruits séchés et les carottes râpées dans le saladier, malaxe bien avec une cuiller en bois.

8 Garnis les coupelles en papier placées dans le moule à muffins à l'aide d'une cuiller d'une manière égale, à peu près au tiers.

9 Une fois le moule glissé dans le four préchauffé, laisse cuire 12 à 14 minutes ou jusqu'à ce que les muffins soient dorés.

10 Fais-toi aider pour sortir le moule du four et laisse refroidir un peu. Démoule et mets les muffins à refroidir sur une grille en attendant l'heure de les déguster.

Sablés aux framboises

Cette recette nous vient d'Écosse. En effet, elle contient des flocons d'avoine, ingrédients typiques de ce pays. Ce sablé « à étages » est succulent : sucré, croustillant et collant comme il faut !

Ingrédients et ustensiles

Pour le fond :

200 g de farine ordinaire (sans levure)

25 g de fécule de maïs

une pincée de sel

60 g de sucre semoule ou cristallisé

150 g (à peine) de beurre doux sortant du réfrigérateur

Pour la garniture intérieure :

150 g de framboises fraîches

125 g de confiture de framboises

Pour la garniture extérieure :

40 g de flocons d'avoine

3 cuillers à soupe de sucre roux

moule à gâteau carré de 18 cm

(pour 9 parts)

1 Demande à un adulte d'allumer le four à 180 °C (thermostat 6). Prends un peu de beurre mou sur du papier absorbant et graisse tout l'intérieur du moule.

2 Verse la farine, la fécule de maïs, le sel et le sucre dans un saladier puis mélange le tout. Coupe le beurre en très petits morceaux et frotte-les dans la farine entre tes doigts, jusqu'à ce que tu aies une consistance sableuse (voir page 9). Tu peux aussi utiliser un robot ménager si tu te fais aider d'un adulte.

3 Prélève environ un tiers du mélange et mets-le de côté dans un autre saladier pour la garniture extérieure. Mets le reste dans le moule, étale-le régulièrement et appuie avec ta main pour que la couche soit ferme et uniforme. Utilise tes doigts pour presser dans les coins et sur les bords. Si c'est un peu collant, plonge tes mains dans un peu de farine.

4 Fais-toi de nouveau aider pour mettre le fond sablé au four, laisse cuire 10 minutes et sors-le du four (ne l'éteins pas). Laisse refroidir pendant que tu prépares les garnitures.

5 Verse les framboises (fraîches et confiture) dans un saladier et mélange délicatement pour ne pas écraser les fruits. Mets de côté.

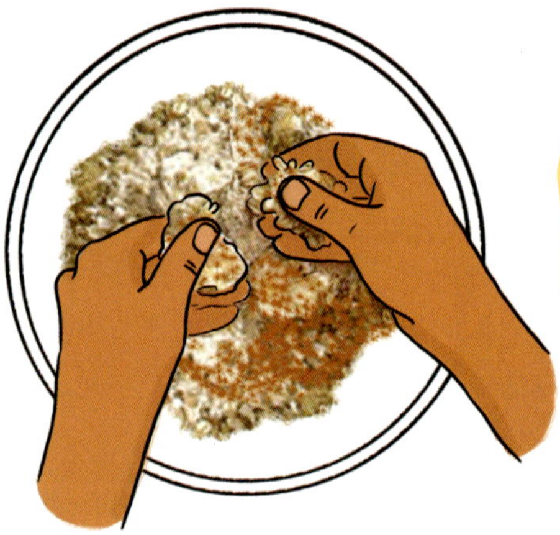

6 Pour la garniture extérieure, verse le reste du mélange sableux dans le saladier. Ajoute les flocons d'avoine et le sucre roux, malaxe bien avec tes doigts puis presse entre tes mains pour que le tout s'agglutine en une masse compacte.

7 Étale délicatement le mélange à base de framboises sur le sablé cuit.

8 Répartis uniformément la garniture à base de flocons sur les framboises.

9 Fais-toi aider pour remettre le moule au four et laisse cuire 15 à 20 minutes, jusqu'à ce que tu obtiennes une coloration brun clair et qu'il se forme des bulles sur les bords. Une fois le moule sorti du four, laisse-le refroidir sur une grille.

10

Après complet refroidissement, glisse un couteau à lame arrondie le long des parois du moule, puis coupe le sablé en 9 carrés. Utilise une pelle à tarte pour les sortir du moule. Déguste-les comme en-cas ou dessert, servis avec une crème anglaise. Conserve tes sablés dans une boîte hermétiquement fermée, mais pas plus de 4 jours.

Un **RÉGAL ÉCOSSAIS** croustillant !

Baisers au chocolat

Ces petits fours sont constitués de deux biscuits soudés l'un à l'autre par une exquise couche de crème au beurre et à la framboise. Ils sont faciles et rapides à préparer et tout simplement succulents !

Ingrédients et ustensiles

Pour les baisers au chocolat :

200 g de beurre doux, ramolli

100 g de sucre de canne naturel ou cristallisé

1 cuiller à café d'extrait de vanille

250 g de farine à gâteaux

2 cuillers à soupe de poudre de cacao

Pour la crème à la framboise :

4 ou 5 framboises mûres

100 g (à peine) de beurre doux, ramolli

100 g de sucre glace

2 plaques à pâtisserie

(pour 25 baisers)

1. Demande à un adulte d'allumer le four à 180 °C (thermostat 6). Prends un peu de beurre sur du papier absorbant et graisse la surface des deux plaques.

2. Mets le beurre mou, le sucre et l'extrait de vanille dans un saladier et malaxe bien à l'aide d'une cuiller en bois, jusqu'à ce que le mélange prenne une consistance légère et s'éclaircisse.

3. Ajoute la farine et la poudre de cacao et mélange bien avec tes mains, jusqu'à ce que tu obtiennes une pâte homogène.

Des baisers au chocolat pour CEUX QU'ON AIME !

4

Prends un petit morceau de pâte et forme une boule d'à peu près la taille d'une noix. Aplatis-la un peu et pose-la sur une plaque. Procède de même avec une deuxième boule et ainsi de suite, jusqu'à ce que tu aies une cinquantaine de biscuits (tu dois en tout cas avoir un nombre pair).

5

Fais-toi aider pour glisser les plaques au four, puis pour les ressortir après 6 à 7 minutes. Laisse refroidir.

6

Pour la crème aux framboises, mets celles-ci dans un bol et écrase-les à la fourchette. Ajoute le beurre et le sucre et mélange le tout, toujours à la fourchette.

7

Étale un peu de cette crème sur un biscuit et forme un « sandwich » avec un autre biscuit. Continue jusqu'à ce que tu aies 25 baisers.

Omelette norvégienne

Une omelette ? En fait, il s'agit d'un gâteau chaud couronné de meringue et contenant une surprise glacée à l'intérieur : c'est amusant à préparer et... excellent ! Si tu veux aller plus vite, tu peux utiliser pour le fond une génoise prête à l'emploi.

Ingrédients et ustensiles

Pour la génoise :

115 g de farine ordinaire sans levure

1 cuiller à café de levure chimique

115 g de sucre semoule

125 g de beurre doux, très mou

½ cuiller à café d'extrait de vanille

2 œufs de gros calibre

1 cuiller à soupe de lait

Pour la finition :

500 ml de glace à la fraise (ou autre saveur préférée)

4 œufs

225 g de sucre glace

150 g de framboises

moule rond de 20 cm

papier sulfurisé

plaque à pâtisserie

(pour 1 grosse omelette)

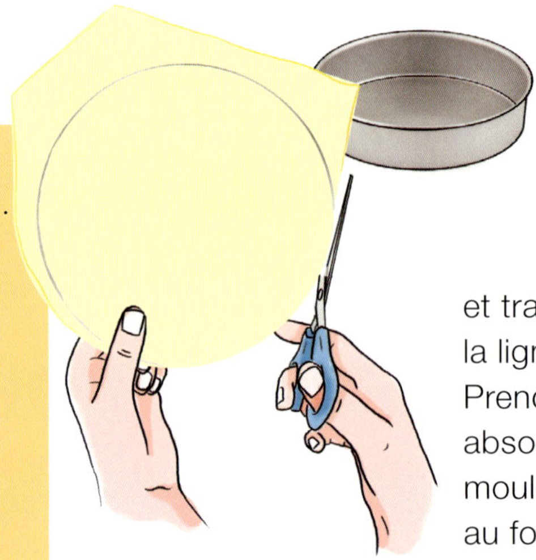

1 Demande à un adulte d'allumer le four à 180 °C (thermostat 6). Pose le moule sur le papier sulfurisé et trace son contour. Coupe à l'intérieur de la ligne pour obtenir un disque de papier. Prends un peu de beurre sur du papier absorbant et graisse tout l'intérieur du moule. Place le disque de papier sulfurisé au fond du moule et mets de côté.

2 Tiens un tamis au-dessus d'un saladier et tamise la farine et la levure. Incorpore le sucre puis le beurre très mou et la vanille.

3 Casse les œufs dans un bol (ôte les morceaux de coquilles si nécessaire), ajoute le lait et bats légèrement à la fourchette pour casser les jaunes. Verse les œufs dans le saladier. Bats tous les ingrédients à l'aide d'une cuiller en bois (ou fais-toi aider si tu veux utiliser un batteur électrique), jusqu'à ce que le mélange soit léger et homogène. En t'aidant d'une cuiller, verse-le dans le moule à gâteau et répartis uniformément.

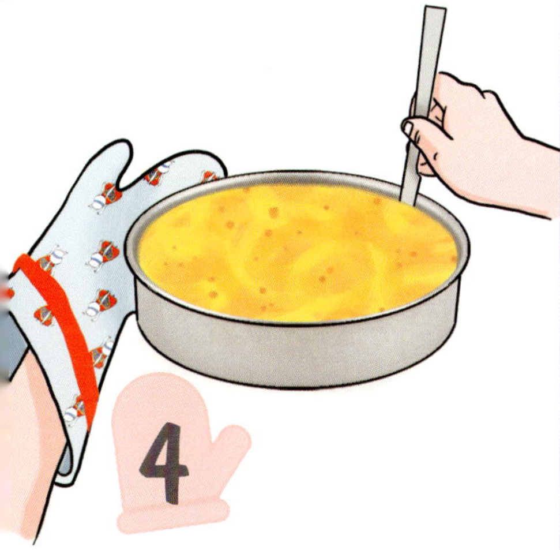

4

Fais-toi de nouveau aider pour glisser la génoise dans le four préchauffé et laisse cuire environ 25 minutes, jusqu'à ce qu'elle soit d'un léger brun doré. Pour vérifier si le gâteau est cuit, fais-le retirer du four et appuie doucement au milieu. S'il reprend sa forme, c'est qu'il est cuit ; sinon, prolonge la cuisson de 5 minutes. Une fois le gâteau sorti du four, laisse-le reposer 2 minutes puis passe un couteau à lame ronde le long des parois du moule et renverse le gâteau avec précaution sur une grille. Laisse refroidir complètement.

5

Sors la glace du congélateur et attends qu'elle soit suffisamment molle. Pose la génoise sur une plaque, puis étale de la glace à l'aide d'un couteau à palette en couche uniforme. Replace le tout au congélateur et attends que la glace soit très ferme – une heure au moins, mais tu peux aussi l'y laisser jusqu'à 3 jours.

6

Pour mettre la touche finale à ton omelette norvégienne, demande à un adulte d'allumer le four à 220 °C (thermostat 7). Sépare les blancs des jaunes en cassant délicatement un œuf à la fois sur une assiette, puis en coiffant le jaune d'un coquetier et en laissant le blanc couler dans un saladier bien propre (voir page 29). Comme tu n'as pas besoin des jaunes pour cette recette, mets-les dans un autre bol, ils te serviront pour autre chose.

7 Place le saladier sur un linge humide pour qu'il ne bouge pas quand tu va battre les œufs. À ce stade, si tu peux utiliser un batteur électrique avec l'aide d'un adulte, ce sera plus facile et plus rapide, mais tu peux aussi les battre à la main. Monte les œufs en neige – tu sauras quand arrêter lorsque le mélange formera des petits pics au bout du fouet.

8 À présent, incorpore 2 cuillers à soupe de sucre semoule aux blancs d'œufs, puis 2 autres cuillers encore. Continue ainsi jusqu'à ce qu'il n'y ait plus de sucre et que tu aies obtenu une meringue ferme et brillante.

9 Pour les étapes suivantes, tu dois travailler rapidement pour que la glace ne fonde pas. Vérifie d'abord que le four est bien chaud puis sors la génoise et la glace du congélateur. Dispose rapidement les framboises sur la glace.

10 Sans attendre, recouvre le tout de meringue en la répartissant sur tout le gâteau, y compris sur les côtés et jusqu'à la plaque. Forme quelques pics dans le nappage. Comme la meringue empêche la glace de fondre, ne laisse aucun trou ou espace non recouvert !

11 Fais-toi aider pour glisser l'omelette au four et laisse-la dorer légèrement, pas plus de 4 ou 5 minutes sinon la glace va fondre. Sers immédiatement !

Marbré au chocolat

Ici, deux saveurs et deux couleurs différentes ont été associées pour former de beaux motifs. Coupé en tranches, c'est très joli. Tu peux même ajouter quelques gouttes de colorant alimentaire au mélange à base de vanille pour que le résultat soit encore plus spectaculaire !

Ingrédients et ustensiles

50 g de chocolat noir haché grossièrement

175 g de farine ordinaire (sans levure)

1 cuiller à café bombée de levure alimentaire

175 g de beurre doux, ramolli

200 g de sucre semoule

4 œufs

2 cuillers à café d'extrait de vanille

2 cuillers à soupe de lait

1 portion de crème au beurre chocolatée (voir page 54)

pépites de chocolat et vermicelles

moule à cake de contenance 1 kg, ou 2 de 500 g

(pour 1 grand ou 2 petits gâteaux marbrés)

1

Demande à un adulte d'allumer le four à 180 °C (thermostat 6). Prends un peu de beurre sur du papier absorbant et graisse tout l'intérieur du moule. Pose celui-ci sur le papier sulfurisé et trace son contour. Retire le moule et prolonge le rectangle à chaque extrémité : ainsi, il sera assez long pour recouvrir la base et dépasser de chaque côté du moule. Découpe juste à l'intérieur de la ligne, puis ajuste le papier dans le moule (le papier colle au beurre).

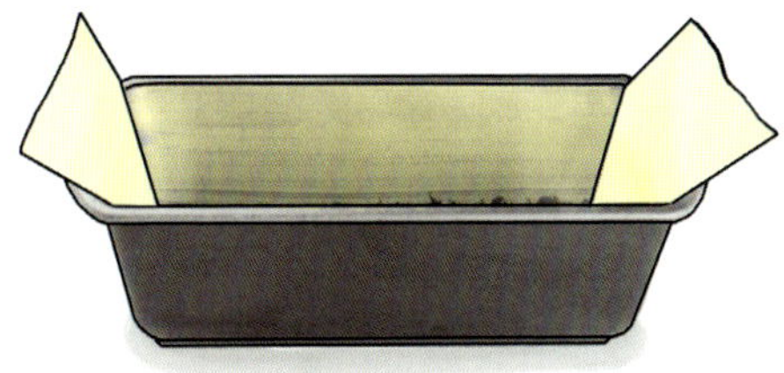

2

Fais-toi aider pour mettre le chocolat dans un bol résistant à la chaleur au-dessus d'une casserole contenant de l'eau à peine frémissante, en veillant à ce que le fond du bol ne touche pas l'eau. Remue très délicatement jusqu'à ce que le chocolat fonde (ou fais-le fondre au micro-ondes, voir page 11).

3

Tiens un tamis au-dessus d'un saladier et tamise la farine et la levure dedans.

5

Casse chaque œuf en le cognant contre la paroi d'un troisième bol et écarte les deux moitiés du bout des doigts (ôte les morceaux de coquille si nécessaire). Bats les œufs puis ajoute-les graduellement, une cuiller à soupe à la fois, au mélange beurre/sucre. À chaque fois que tu ajoutes de l'œuf, mélange-le complètement avant d'ajouter une nouvelle cuillerée. Racle les parois du bol avec une spatule en plastique de temps en temps, surtout si tu utilises un batteur électrique. Incorpore la vanille au reste.

4

Mets le beurre et le sucre dans un autre saladier et malaxe le tout à l'aide d'une cuiller en bois jusqu'à ce que le mélange blanchisse et devienne mousseux. Si tu te fais aider, ce sera plus facile et plus rapide avec un batteur électrique.

6

Verse la farine et la levure tamisées dans la pâte et remue pour obtenir un mélange homogène. Ajoute le lait et remue de nouveau.

7

En t'aidant d'une cuiller, verse la moitié du mélange dans le chocolat fondu et mélange parfaitement.

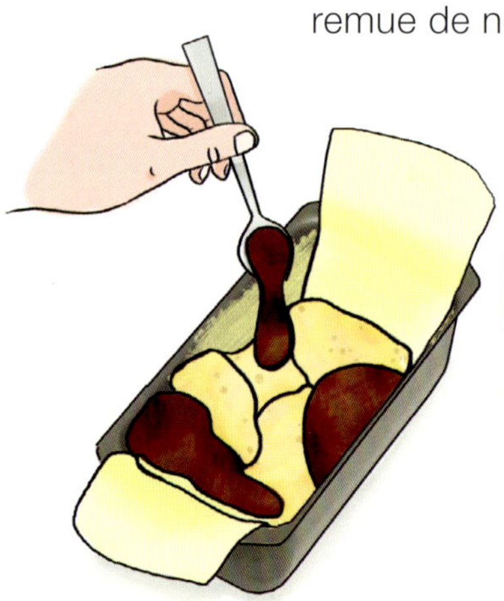

8

Dépose en alternance de grandes cuillerées de vanille et de pâte chocolatée dans le moule. Quand tu arrives au bout de la pâte, tapote vivement le moule sur la surface de travail pour égaliser la surface du mélange.

9

Et maintenant, la partie la plus créative : pour obtenir l'effet marbré, passe la lame d'un couteau rond dans le mélange en faisant comme si tu coupais et en allant dans tous les sens pour former des spirales. Mais arrête-toi à temps, sinon tu perdras les jolis motifs.

10

Fais-toi aider pour glisser le moule à mi-hauteur dans le four. Fais cuire 40 à 45 minutes (si un cure-dent enfoncé au milieu du gâteau en ressort propre, le gâteau est cuit). Une fois le moule retiré du four, laisse refroidir pendant 15 minutes. Décolle les côtés du gâteau avec un couteau à lame ronde puis démoule-le avec précaution en tenant les extrémités du papier. Pose-le sur une grille pour le laisser refroidir complètement.

11

Prépare la crème au beurre chocolatée (voir page 54) et étale-la sur le dessus du gâteau froid. Décore de pépites de chocolat et de vermicelles assortis.

CHAPITRE 3

PAIN, BRIOCHES et cie

Petits Pains au Pesto

C'est bien sûr plus facile avec un robot ménager, mais c'est amusant aussi de pétrir les ingrédients qui te permettront de faire ces craquants petits pains. Ils sont meilleurs chauds, tout juste sortis du four, mais le lendemain, tu peux les couper en deux et les passer au grille-pain.

Ingrédients et ustensiles

500 g de farine à gâteaux (levure incorporée)

½ cuiller à café de sel

225 g de fromage frais

une petite poignée de feuilles de basilic frais

1 œuf de gros calibre

environ 150 ml de lait

5 tomates cerises

2 cuillers à soupe de pesto (ou d'huile d'olive)

plaque de four

papier sulfurisé

(pour 10 petits pains)

1 Demande à un adulte d'allumer le four à 190 °C (thermostat 6). Découpe un morceau de papier sulfurisé de la taille de la plaque à pâtisserie, saupoudre-le d'un peu de farine et mets de côté.

2 Prends dix feuilles de basilic et mets-les de côté. Si tu fais les petits pains à la main, déchiquette ou cisèle les feuilles restantes à l'aide d'un couteau, sans oublier de travailler sur une planche à découper (voir page 12). Inutile de les ciseler si tu emploies un robot.

3 Mets la farine, le sel, le fromage frais et le basilic dans un saladier et, avec tes doigts, roule le fromage dans la farine jusqu'à ce que le tout soit bien mélangé et prenne une consistance sableuse (voir page 9). Fais-toi aider si tu utilises un robot.

4 Casse l'œuf dans un bol (ôte les morceaux de coquille si nécessaire), puis ajoute le lait et bats à la fourchette.

5 Verse ce mélange, dans celui farine/fromage, remue bien avec une cuiller en bois puis rassemble avec tes mains de façon à former une boule. S'il y a des miettes dures et si la pâte est dure et sèche au toucher, ajoute un soupçon de lait.

Si tu emploies un robot, fais-toi aider et verse le mélange œuf/lait dans le tube de

remplissage. Arrête l'appareil quand les ingrédients forment une boule souple. Ajoute un soupçon de lait si la pâte te paraît dure et sèche.

Les tomates CERISES jouent les équilibristes !

6

Saupoudre un peu de farine sur ta surface de travail et retourne la pâte (demande à un adulte de retirer la lame du robot si tu en as utilisé un). Lave tes mains si elles sont collantes, sèche-les et farine-les légèrement. Pétris délicatement la pâte en appuyant sur la boule et en l'aplatissant tout en la poussant loin de toi avec la paume de la main. Rabats le bord éloigné vers toi. Fais faire un demi-tour à la boule et étire la pâte de nouveau. Replie et fais pivoter encore une fois. Continue ainsi jusqu'à ce que la pâte soit lisse et élastique.

7

Divise la pâte en 10 parties égales et forme une boule avec chacune. Dispose les boules légèrement espacées les unes des autres sur la plaque à pâtisserie. Enfonce profondément ton index ou ton pouce au milieu de chacune.

8

À l'aide d'un couteau affûté, coupe les tomates en deux. Enfonce une feuille de basilic dans chaque trou formé dans la pâte, puis une moitié de tomate, face coupée vers le haut. Assure-toi que la tomate est bien enfoncée dans le trou, sinon elle risque de « s'échapper » pendant la cuisson !

9

Avec un pinceau à pâtisserie, dépose du pesto ou de l'huile d'olive sur le haut de chaque petit pain.

10

Fais-toi aider pour enfourner les petits pains et cuis-les pendant une vingtaine de minutes, jusqu'à ce qu'ils soient dorés. Dépose les petits pains sur une grille une fois la plaque sortie du four et laisse-les refroidir au moins 10 minutes avant de servir.

Brioches scandinaves

En Suède, ces brioches sont servies le 13 décembre, le jour de la Sainte-Lucie. Généralement, elles ont la forme d'un « S » renversé, mais libre à toi de choisir la forme qui te plaît ! Essaie par exemple des formes d'animaux, en utilisant des raisins secs pour les yeux. Préparer une pâte avec de la levure, c'est toujours un peu magique car tu la vois gonfler et se remplir de bulles quand la levure commence à travailler.

Ingrédients et ustensiles

250 ml de lait

une bonne pincée de filaments de safran

500 à 600 g de farine de type T65

7 g de levure sèche active

½ cuiller à café de sel

50 g de sucre

45 g de beurre doux, ramolli

100 ml de crème aigre à température ambiante (ou fromage blanc, ou crème épaisse légère)

1 œuf

24 raisins secs

2 plaques à pâtisserie

papier sulfurisé

(pour 12 brioches)

1 Découpe des morceaux de papier sulfurisé aux dimensions des plaques à pâtisserie.

2 Demande à un adulte de t'aider à chauffer le lait dans une petite casserole ou au micro-ondes (voir page 11). Il doit être très chaud mais ne pas bouillir. Éteins sous la casserole, ajoute le safran et laisse-le macérer pendant 10 minutes dans le lait chaud pour l'aromatiser et lui faire prendre une coloration jaune.

3 Dans un saladier, verse 500 g de farine, la levure, le sel, le sucre, le beurre et la crème aigre puis mélange le tout. Incorpore le lait chaud avec tes mains aux autres ingrédients pour obtenir une pâte. Si celle-ci te paraît très sèche et dure à malaxer, ajoute encore un peu de lait. Si c'est très collant, ajoute un peu plus de farine.

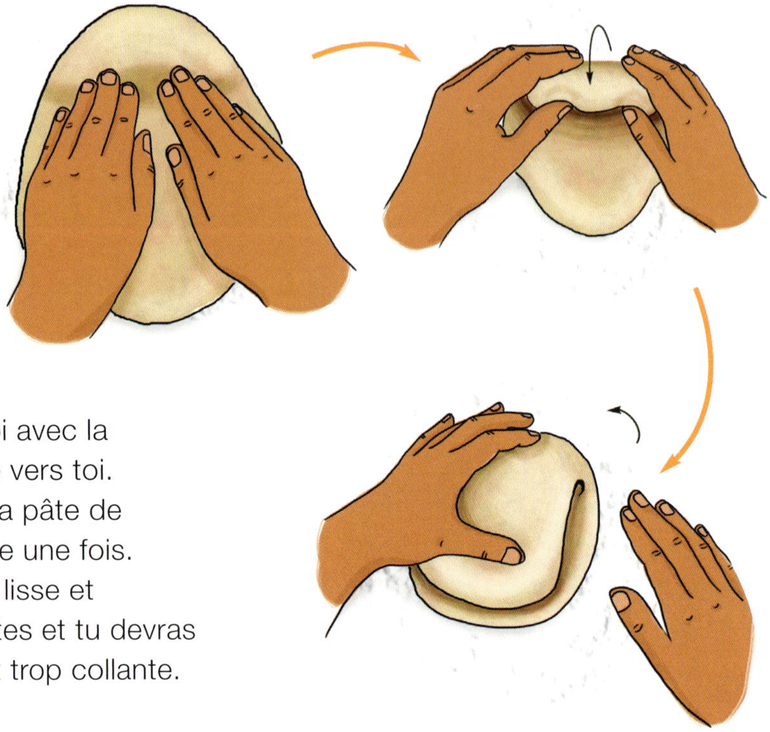

4 Saupoudre un peu de farine sur ta surface de travail propre. Forme une boule de pâte, renverse-la et commence à la pétrir, en procédant comme ceci : appuie sur la boule en l'étirant et en l'aplatissant tout en la poussant loin de toi avec la paume de la main. Rabats le bord éloigné vers toi. Fais faire un demi-tour à la boule et étire la pâte de nouveau. Replie-la et fais-la pivoter encore une fois. Continue ainsi jusqu'à ce que la pâte soit lisse et élastique. Cela te prendra jusqu'à 7 minutes et tu devras peut-être ajouter de la farine si la pâte est trop collante.

5 Forme une nouvelle boule de pâte. Lave et sèche le saladier et remets la pâte dedans. Couvre-le hermétiquement de film alimentaire et place-le dans un endroit chaud pour que la pâte lève. Elle doit doubler de volume, ce qui prend environ une heure, ou plus si la température ambiante est peu élevée.

6 Renverse la pâte sur la surface de travail farinée et pétris-la de nouveau pendant 1 minute. Divise-la en 12 parties égales, forme un rouleau de 20 cm de long avec chacune, puis fais-leur prendre la forme d'un S renversé. Place 6 petits pains sur l'une des plaques et les 6 autres sur la deuxième.

7 Prends un peu d'huile sur du papier absorbant et graisse deux grands morceaux de film alimentaire dont tu garnis ensuite chaque plaque, sans les tendre, face huilée vers le bas. Laisse les brioches lever de nouveau pendant 30 minutes dans un endroit chaud.

8 Une dizaine de minutes avant que les brioches ne soient prêtes à être enfournées, demande à un adulte de préchauffer le four à 190 °C (thermostat 6).

9 Casse l'œuf dans un bol, ôte les morceaux de coquilles s'il en tombe, puis bats-le à la fourchette. À l'aide d'un pinceau à pâtisserie, badigeonne les brioches d'un peu d'œuf battu et enfonce un raisin sec à chaque extrémité, au milieu de la spirale.

10 Fais-toi aider pour glisser les plaques au four à mi-hauteur. Laisse cuire 12 à 15 minutes, jusqu'à ce que la pâte ait bien levé et qu'elle soit brillante et dorée comme il faut.

Régale-toi avec des **BRIOCHES AU SAFRAN !**

Mini-Pizzas

Si tu n'as jamais fait de pizzas, tu ne sais pas ce que tu as manqué ! C'est très amusant car tu peux leur donner la taille et la forme que tu veux, mais aussi les garnir de tes ingrédients préférés.

1

Demande à un adulte d'allumer le four à 200 °C (thermostat 6/7). Prends un peu d'huile d'olive sur du papier absorbant et passe-le sur les plaques (pour empêcher les pizzas de coller).

2

Pour faire les fonds de pizzas, tiens un tamis au-dessus d'un saladier, verses-y la farine, le sucre, le bicarbonate de soude et le sel et tamise le tout dedans.

Ingrédients et ustensiles

Pour le fond de pizza :

400 g de farine ordinaire (sans levure)

1 cuiller à café de sucre

1 cuiller à café de bicarbonate de soude

1 cuiller à café de sel

½ cuiller à café d'origan séché

350 ml de babeurre (voir page 10)

Pour la garniture :

boîte de tomates en morceaux (400 g)

1 cuiller à soupe de coulis de tomate

1 cuiller à soupe d'huile d'olive

1 cuiller à café d'origan séché

1 gousse d'ail

300 g de mozzarella

ingrédients divers, comme olives dénoyautées, tranches de jambon ou de pepperoni, poivron émincé (rouge ou vert), champignons…

sel marin et poivre noir fraîchement moulu

2 grandes plaques à pâtisserie

(pour 4 pizzas moyennes)

3

Incorpore l'origan, puis creuse un puits au milieu de la farine et verse le babeurre dedans. D'une main, commence à mélanger la farine au liquide peu à peu, de façon à obtenir un mélange souple et légèrement collant. Si la pâte est grumeleuse et si tu as du mal à incorporer la farine, ajoute 1 cuiller à soupe de babeurre ou de lait. Si la pâte est vraiment collante et paraît mouillée au toucher, ajoute de la farine (1 cuiller à soupe à la fois).

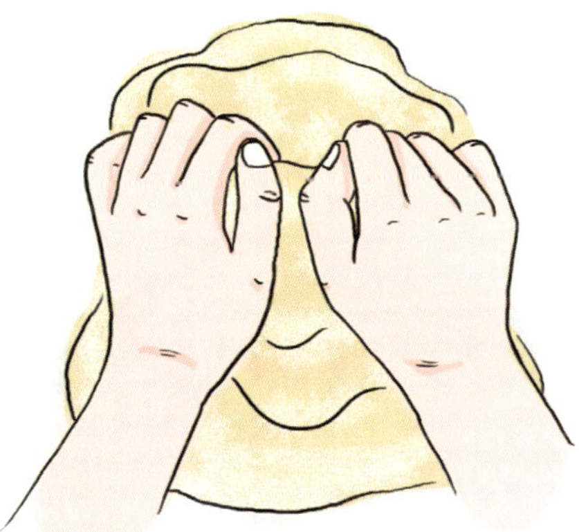

4 Saupoudre un peu de farine sur ta surface de travail et renverses-y la boule de pâte que tu as formée. Pétris la boule des deux mains en l'écrasant et en la pressant pendant environ 1 minute, jusqu'à ce qu'elle soit bien lisse.

5 Divise la pâte en 4 parties égales et forme une boule avec chacune. Farine tes mains puis aplatis doucement les boules de façon à obtenir des cercles d'environ 13 cm de diamètre, que tu disposes ensuite sur tes plaques préparées, légèrement espacés les uns des autres.

C'est la **FÊTE** ? Des pizzas !

6

Pour préparer la garniture, tiens un grand tamis au-dessus d'un saladier, verse dedans le contenu de la boîte de tomates et laisse-les égoutter quelques minutes.

7

Pour cette étape, fais-toi aider et sers-toi d'un robot ménager ou d'un mixeur. Épluche d'abord l'ail, verse les tomates dans le robot (le jus recueilli peut servir pour une soupe ou une sauce), puis ajoute le coulis de tomate, l'huile d'olive, l'origan, la gousse d'ail et une pincée de sel et de poivre. Mixe le tout quelques secondes pour obtenir une sauce grumeleuse. Verse-la dans un saladier.

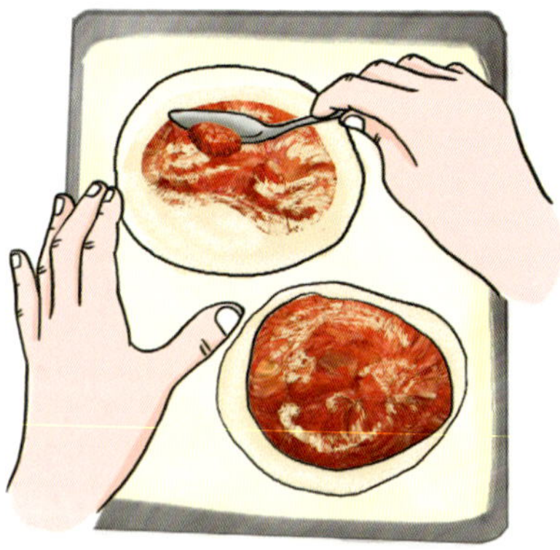

8

Dépose 2 cuillerées à soupe de garniture au milieu de chaque fond de pizza et étale-la, mais en laissant un bord de 2,5 cm tout autour.

9

Coupe la mozzarella en tranches ou en longues lamelles que tu disposes ensuite sur les pizzas, sur la sauce tomate.

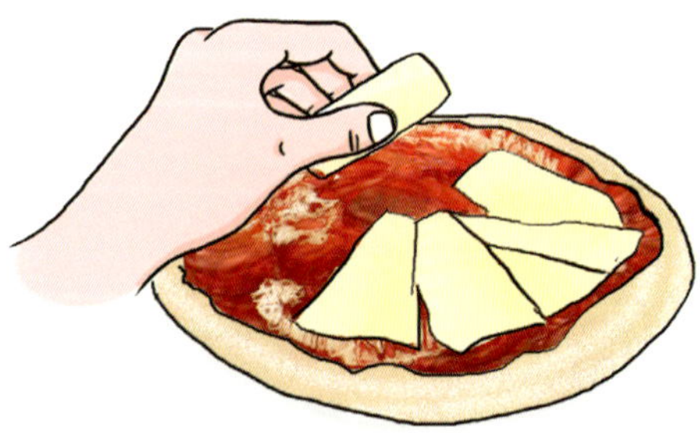

10

Pour terminer, ajoute d'autres ingrédients au choix.

11

Fais-toi aider pour mettre les pizzas au four et cuis-les jusqu'à ce qu'elles soient légèrement dorées et fassent des bulles – entre 15 à 18 minutes. Une fois les pizzas sorties du four, laisse-les refroidir quelques minutes avant de les manger car le fromage fondu est brûlant.

Brioches à la cannelle

Dans cette recette, tu emploies de la levure pour faire ta pâte à pain, mais ces brioches sont beaucoup plus riches que le pain habituel car tu ajoutes des œufs, du beurre et du lait. La pâte est roulée dans du sucre, de la cannelle et des noix de pécan ou des raisins secs, puis découpée en tranches afin de créer de jolis petits pains en spirale. Déguste-les tout juste sortis du four !

Ingrédients et ustensiles

Pour la pâte :

500 g de farine à pain (non blanchie)

7 g (ou 2 ½ cuillers à café) de levure sèche active

1 cuiller à café de sel

3 cuillers à soupe de sucre semoule ou cristallisé

300 ml de lait

1 œuf de gros calibre, non réfrigéré

45 g de beurre doux, très mou

Pour la garniture :

30 g de beurre, très mou

1 cuiller à café de cannelle moulue

4 cuillers à soupe de sucre roux

60 g de noix de pécan ou de raisins secs

plaque à pâtisserie

(pour 12 brioches)

1

Verse la farine dans un saladier. Ajoute la levure, le sel et le sucre et mélange le tout à la main, puis creuse un puits au milieu.

2

Demande à un adulte de t'aider à chauffer le lait (juste un peu, tu dois pouvoir y plonger un doigt sans te brûler), soit dans une casserole, soit au micro-ondes pendant environ 30 secondes (voir page 11). Casse l'œuf dans un pichet, ajoute le lait et bats le tout à la fourchette. Verse le mélange dans le puits que tu as creusé et ajoute le beurre.

3

Avec ta main, incorpore doucement la farine au liquide dans le puits et travaille le mélange jusqu'à ce que toute la farine soit bien incorporée. Si la pâte est grumeleuse, ajoute un peu de lait (une cuiller à soupe à la fois). Si elle est très collante, ajoute un peu de farine.

Jolies brioches en SPIRALE !

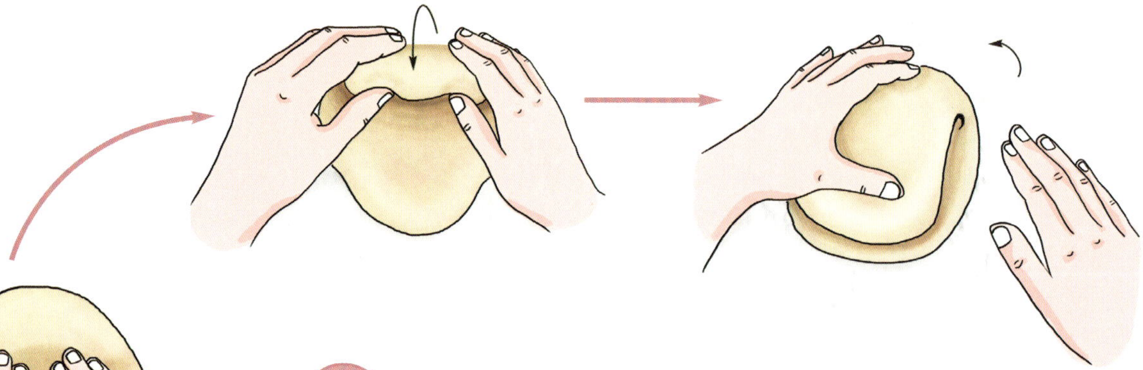

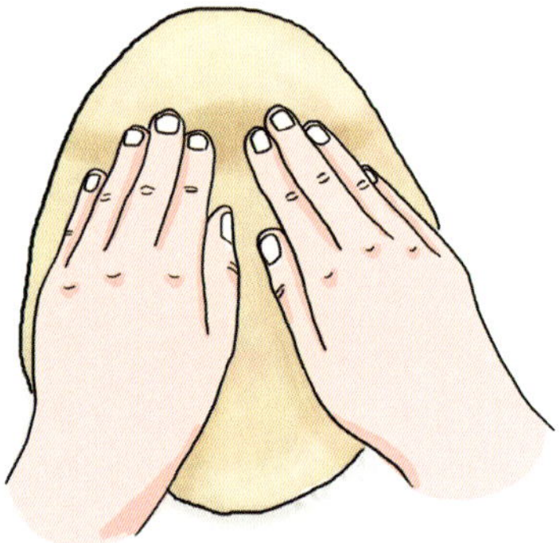

4 Quand le mélange est compact et que la pâte est homogène, forme une boule que tu renverses ensuite sur ton plan de travail saupoudré d'un peu de farine. Commence à pétrir comme ceci : appuie sur la boule en l'étirant et en l'aplatissant, tout en la poussant loin de toi avec la paume de la main. Rabats le bord éloigné vers toi. Fais faire un demi-tour à la boule et étire la pâte de nouveau. Replie-la et fais-la pivoter encore une fois. Continue ainsi jusqu'à ce que la pâte soit lisse et élastique. Cela prendra environ 5 minutes et tu devras peut-être ajouter de la farine si la pâte est trop collante.

5 Remets la pâte dans le saladier et recouvre-le de film alimentaire. Laisse la pâte doubler de volume – compte environ 1 heure dans un endroit chaud, un peu plus de temps à température ambiante ou par temps froid.

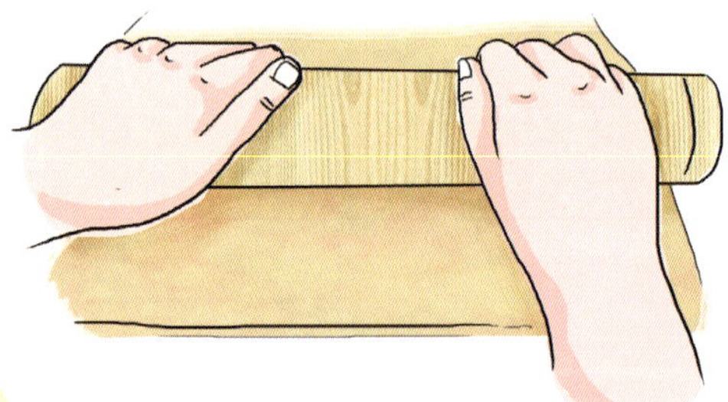

6 Quand la pâte a bien levé, découvre le saladier et aplatis doucement la pâte avec ton poing, puis dépose-la sur ta surface de travail parsemée d'un peu de farine. Avec tes mains ou un rouleau à pâtisserie, presse ou roule la pâte pour former un rectangle d'environ 25 x 35 cm, grand côté dirigé vers toi.

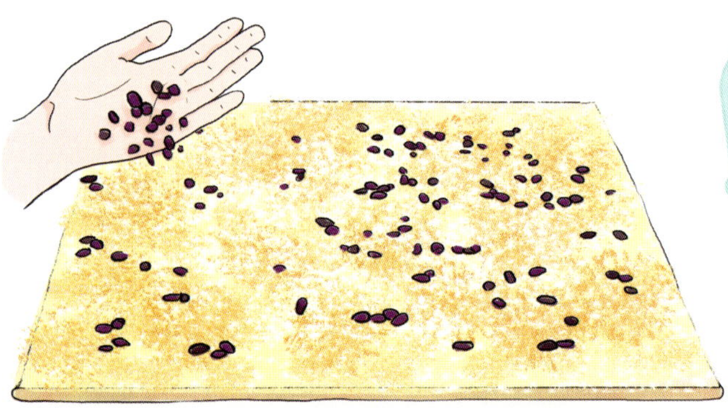

7 Étale le beurre prévu pour la garniture sur toute la pâte. Mélange la cannelle et le sucre et saupoudre-les sur le beurre. Enfin, parsème le sucre de noix ou de raisins secs et enfonce-les légèrement dans la pâte.

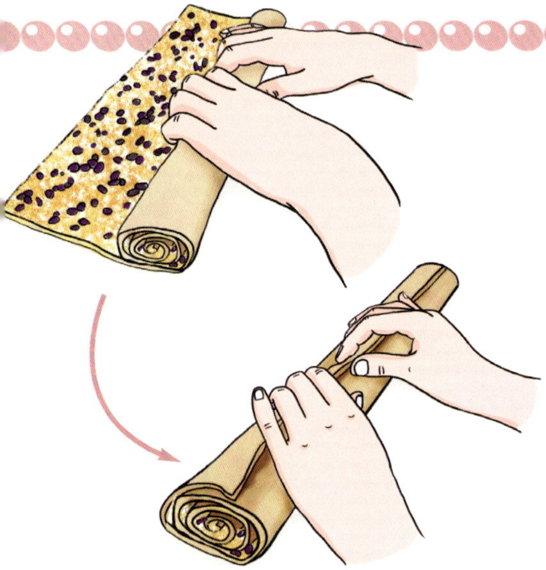

8 Enroule la pâte à partir d'un grand côté pour former un long rouleau, puis pince la pâte sur toute la « couture » pour bien fermer.

9 Prends un peu de beurre mou sur du papier absorbant et frotte-le sur la plaque pour la graisser.

10 Place le rouleau sur une planche à découper et, à l'aide d'un couteau affûté, coupe 12 tranches égales, délicatement et une à une, puis pose-les à plat sur la plaque en les espaçant légèrement.

11 Recouvre les brioches de papier absorbant propre et sec et laisse-les lever encore pendant 20 minutes. Pendant ce temps, demande à un adulte de préchauffer le four à 220 °C (thermostat 7).

12 Découvre les brioches et fais-toi aider pour glisser la plaque au four, puis pour la sortir après 20 minutes, quand les brioches sont brun doré. Utilise une spatule en métal pour les décoller et les mettre à refroidir sur une grille. Elles se dégustent chaudes, mais tu peux aussi les manger froides. Une fois refroidies, tu peux les conserver 2 jours dans une boîte hermétiquement fermée ou les congeler, elles se garderont alors pendant 1 mois.

Pain Irlandais

Ce pain irlandais ne contient pas de levure, il est donc beaucoup plus rapide à préparer que le pain ordinaire, mais tout aussi savoureux. Tout juste sorti du four, avec tout plein de beurre et de confiture...

Ingrédients et ustensiles

huile végétale pour graisser la plaque

250 g de farine ordinaire (sans levure)

250 g de farine complète

125 g de flocons d'avoine

1 cuiller à café de bicarbonate de soude

1 cuiller à café de sel marin fin

30 g de beurre

400 ml de babeurre (voir page 10)

1 cuiller à soupe de miel liquide

plaque à pâtisserie

papier sulfurisé

(pour 1 pain)

1 Demande à un adulte de préchauffer le four à 200 °C (thermostat 6/7). Prends un peu d'huile végétale sur du papier absorbant et graisse la plaque.

2 Dans un saladier, mets les deux sortes de farine, les flocons d'avoine, le bicarbonate de soude et le sel puis mélange bien. Ajoute le beurre et frotte-le entre tes doigts dans la farine (voir page 9).

3 Verse la quantité indiquée de babeurre dans un pichet et de miel puis mélange bien.

PAIN CHAUD et confiture... tout le monde aime !

4 Creuse un puits au milieu du mélange à base de farine et verses-y le babeurre. Incorpore graduellement la farine au babeurre, jusqu'à ce que le mélange soit compact et forme une boule de pâte bien lisse. Si la pâte n'est pas assez souple, ajoute un peu de lait – juste un soupçon à la fois, sinon la pâte sera trop molle.

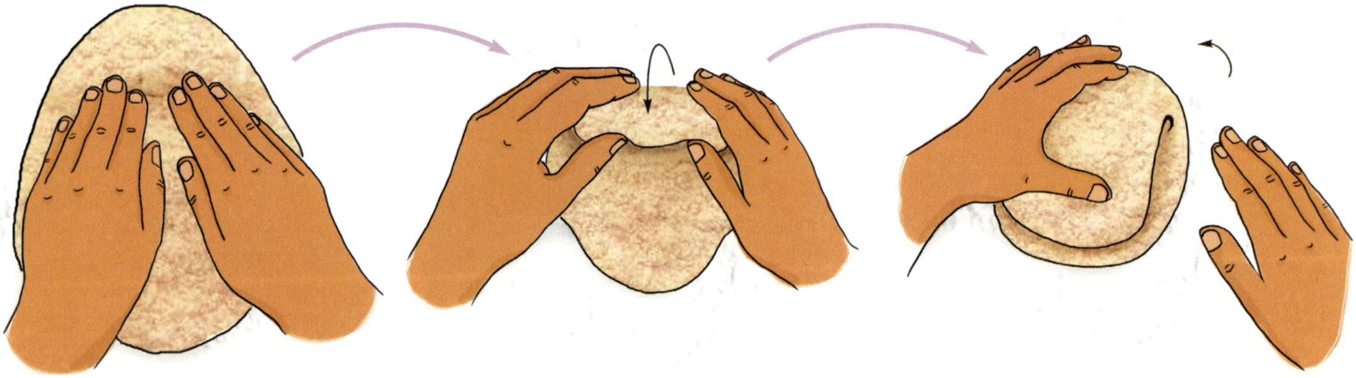

5 Renverse la pâte sur ta surface de travail légèrement farinée au préalable et commence à la pétrir, comme ceci : appuie sur la boule en l'étirant et en l'aplatissant, tout en la poussant loin de toi avec la paume de la main. Rabats le bord éloigné vers toi. Fais faire un demi-tour à la boule et étire la pâte de nouveau. Replie-la et fais-la pivoter encore une fois. Continue à pétrir pendant 2 à 3 minutes, jusqu'à ce que la pâte soit homogène et souple.

6 Donne à la pâte une forme de pain rond, saupoudre un peu de farine sur le dessus, que tu entailles ensuite sans te blesser.

7 Soulève la miche et dépose-la sur la plaque. Fais-toi aider pour glisser celle-ci au four, puis pour la sortir après 50 à 55 minutes de cuisson. Ensuite, mets des gants de four, soulève la miche de pain et tapote le fond. Écoute bien ! Si ça sonne creux, le pain est cuit ; sinon, remets-le au four un peu plus longtemps. Une fois qu'il est cuit, laisse-le refroidir sur une grille.

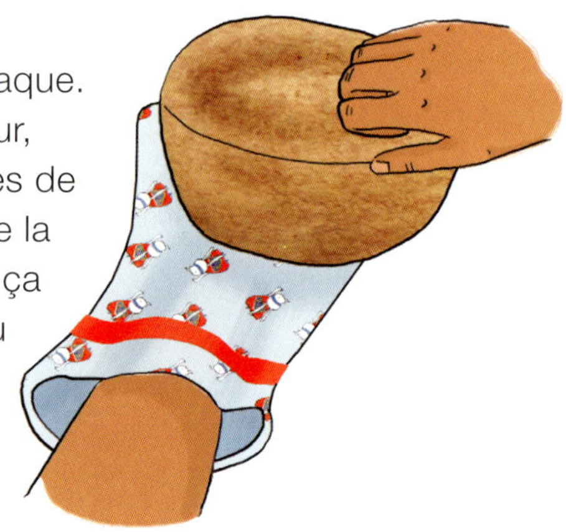

Biscuits à la confiture

Faciles à préparer, ces biscuits fourrés à la confiture sont assez robustes pour supporter le transport dans une boîte à goûter. Tu n'as besoin de l'aide d'un adulte qu'au moment d'utiliser le four. Ces biscuits se conservent une semaine dans une boîte hermétiquement fermée.

Ingrédients et ustensiles

225 g de farine à gâteaux (levure incorporée)

90 g de sucre et un peu plus pour le saupoudrage

125 g de beurre doux sortant du réfrigérateur

1 œuf de gros calibre

1 cuiller à soupe de lait

environ 1 cuiller à soupe d'une de tes confitures préférées

2 plaques à pâtisserie

(pour 16 biscuits)

1 Demande à un adulte de préchauffer le four à 200 °C (thermostat 6/7). Prends un peu de beurre sur du papier absorbant et passe-le sur les plaques pour les graisser.

2 Verse la farine et le sucre dans un saladier et mélange-les bien avec tes mains.

3 Coupe le beurre en petits morceaux à l'aide d'un couteau à lame ronde et ajoute-les au mélange.

Prépare-toi un petit GOÛTER PLAISIR !

4 Roule les morceaux de beurre dans la farine pour bien les enrober, puis incorpore-les à la farine entre tes doigts, jusqu'à ce que le mélange prenne une consistance sableuse (voir page 9). Creuse un puits au centre.

5 Casse l'œuf dans un bol (ôte les morceaux de coquille si nécessaire), ajoute le lait et mélange à la fourchette.

6 Verse ce mélange dans le puits que tu as creusé et incorpore-le en t'aidant d'un couteau à lame ronde. Le tout va former une pâte souple. Si celle-ci est trop sèche et ne s'agglutine pas, ajoute du lait (1 cuiller à soupe à la fois). Si elle est trop humide et collante, ajoute de la farine (1 cuiller à soupe à la fois aussi).

7 Divise la pâte en 16 parties égales. Forme une boule entre tes mains avec chacune et dispose-les sur les plaques en les espaçant bien.

8 Enfonce un doigt au milieu de chaque boule pour creuser un petit trou, sans aller jusqu'au fond.

9 À l'aide d'une cuiller à café, dépose une très petite quantité de confiture dans le trou, puis pince la pâte pour refermer le trou (ne t'inquiète pas si ça ne paraît pas soigné à ce stade).

10 Fais-toi aider pour la cuisson des biscuits. Laisse-les 10 minutes dans le four préchauffé, puis baisse la température à 180 °C (thermostat 6) et laisse-les cuire encore 5 minutes. Sors les plaques avec précaution, saupoudre les biscuits d'un peu de sucre et laisse-les refroidir pendant 5 minutes (la confiture est très chaude, tu pourrais te brûler). Avec une spatule, transfère-les sur une grille et laisse-les refroidir complètement.

Scones salés

Les scones salés peuvent recevoir toutes sortes de garnitures : fromage, jambon, olives, fines herbes, tomates séchées au soleil... Ils sont délicieux et changent du sandwich classique. Tu peux même en congeler quelques-uns : il te suffira d'en sortir un le matin, de le glisser dans ta boîte à lunch et, à l'heure du déjeuner, il aura décongelé.

Ingrédients et ustensiles

225 g de farine à gâteaux et un peu plus pour pétrir

1 cuiller à café de levure chimique

45 g de beurre sortant du réfrigérateur

une poignée de 2 des ingrédients suivants, au choix : fromage, fines herbes, tomates séchées, olives dénoyautées ou jambon

125 à 175 ml de lait, et un peu plus pour badigeonner les scones

emporte-pièce rond

plaque à pâtisserie

(pour 8 petits scones ou 12 grands)

1 Demande à un adulte de préchauffer le four à 200 °C (thermostat 6/7). Prends un peu de beurre sur du papier absorbant et graisse toute la surface de la plaque.

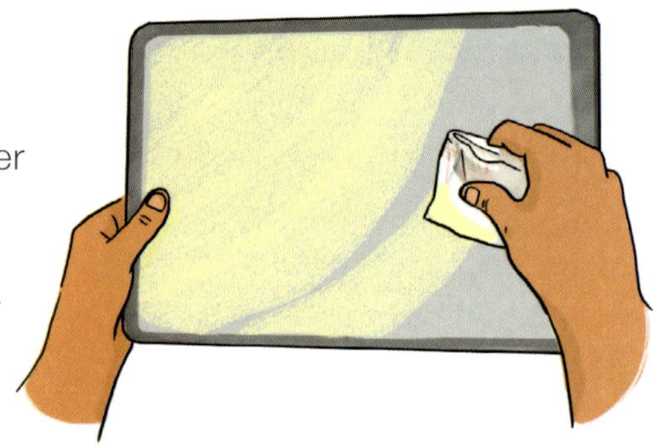

2 Sélectionne deux ingrédients que tu aimes pour la garniture et prépare une poignée de chaque. Si tu choisis du fromage, tu dois le râper (voir page 13). Si ce sont des fines herbes, cisèle-les soigneusement à l'aide d'un couteau affûté (voir page 12). Olives et tomates séchées doivent aussi être coupées en petits morceaux. Pour le jambon, utilise plutôt une paire de ciseaux de cuisine. Mets ta préparation de côté.

3 Tiens un tamis au-dessus d'un saladier et tamise dedans la farine et la levure.

4 Mets le beurre sur une planche à découper (n'oublie jamais la planche !) et, à l'aide d'un couteau, coupe-le en très petits morceaux.

5 Ajoute le beurre au contenu du saladier et roule-le dans la farine entre tes doigts (voir page 9), jusqu'à ce que le mélange prenne une consistance sableuse.

Quelles sont tes garnitures **FAVORITES ?**

6 Incorpore tes deux ingrédients, puis ajoute le lait – une cuiller à soupe à la fois – en remuant à l'aide d'un couteau à lame ronde jusqu'à ce que le mélange commence à s'agglutiner et à former une pâte. Attention à ne pas ajouter trop de lait : ta pâte doit être bien ferme et tu n'auras pas forcément besoin de toute la quantité de lait indiquée.

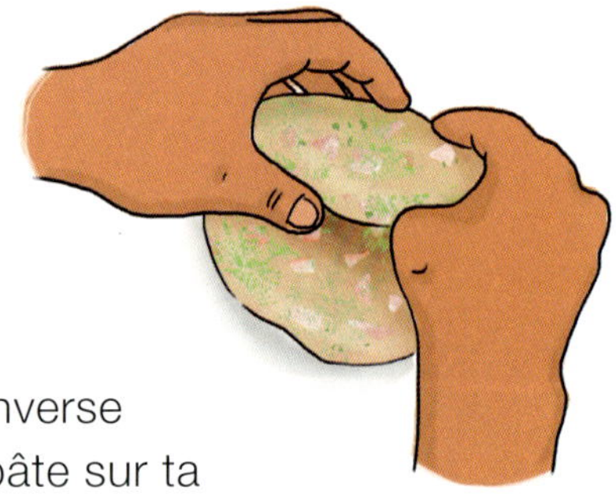

7 Renverse la pâte sur ta surface de travail légèrement farinée. Mets aussi un peu de farine sur tes mains et pétris très légèrement pendant environ 30 secondes, jusqu'à ce que la pâte soit lisse.

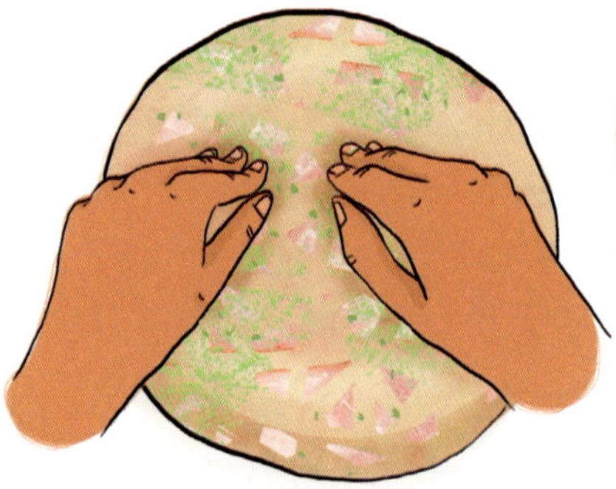

8 Forme une boule et aplatis-la légèrement pour obtenir une épaisseur d'environ 3 cm, mais pas moins.

9 Plonge l'emporte-pièce dans un peu de farine et découpe les scones dans la pâte, rapprochés au maximum les uns des autres. Quand tu as tout découpé, rassemble les rognures de pâte, pétris-les légèrement et aplatis-les de nouveau pour découper d'autres scones. Dispose les scones sur la plaque en les espaçant légèrement. À l'aide d'un pinceau à pâtisserie, badigeonne le dessus d'un peu de lait.

10 Fais-toi aider d'un adulte pour glisser la plaque dans le four préchauffé et fais cuire les scones 8 à 10 minutes, jusqu'à ce qu'ils aient levé et soient dorés. Une fois les scones sortis du four, mets-les à refroidir sur une grille. Si tu veux en congeler quelques-uns, attends qu'ils aient refroidi complètement, mets-les dans un sac ou une boîte de congélation, referme-la bien et place-la au congélateur.

Mini-fougasses aux courgettes

Cette recette sert à confectionner des fougasses salées, ces petits pains typiquement provençaux. Elles sont aromatisées et décorées avec des courgettes râpées, mais tu peux aussi les manger telles quelles ou parsemées de quelques cristaux de sel.

Ingrédients et ustensiles

350 g de farine à pain (type 55)

7 g de levure sèche active

sel

3 cuillers à soupe d'huile d'olive

environ 180 ml d'eau chaude

2 petites courgettes

2 grandes plaques à pâtisserie

(pour 8 fougasses)

1 Saupoudre un peu de farine sur les plaques.

2 Dans un saladier, verse la farine, la levure et 1 cuiller à café de sel puis mélange bien avec tes doigts. Ajoute 2 cuillers à soupe d'huile d'olive et 1 à 2 cuillers à soupe d'eau chaude. Continue à malaxer avec tes doigts en ajoutant un peu d'eau à la fois, jusqu'à ce que le mélange s'agglutine et forme une pâte molle, mais pas trop collante (si tu a ajouté trop d'eau, ajoute un peu de farine).

Vive les FOUGASSES !

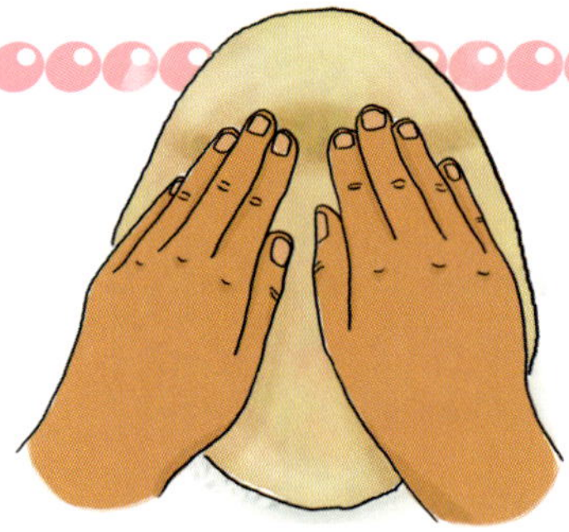

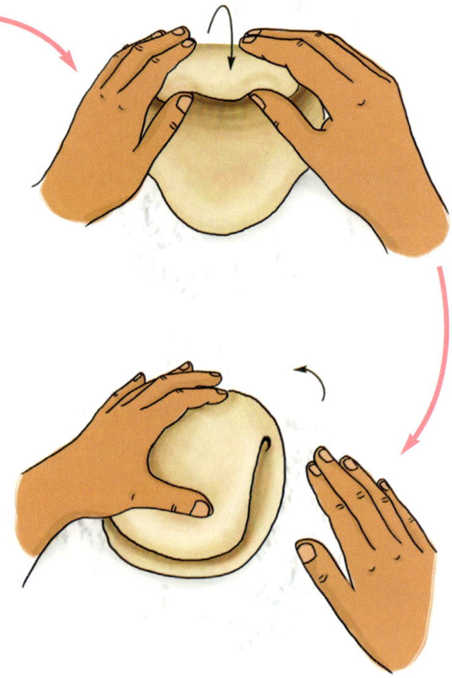

3

Saupoudre un peu de farine sur une surface propre. Forme une boule de pâte, renverse-la sur le plan de travail et commence à la pétrir : appuie sur la boule en l'étirant et en l'aplatissant, tout en la poussant loin de toi avec la paume de la main. Rabats le bord éloigné vers toi. Fais faire un demi-tour à la boule et étire la pâte de nouveau. Replie-la et fais-la pivoter encore une fois. Continue ainsi jusqu'à ce que la pâte soit lisse et élastique. Cela prendra 5 à 10 minutes, il te faudra peut-être ajouter de la farine si la pâte est trop collante.

4

Divise la pâte en 8 parties égales et pétris chacune jusqu'à ce qu'elle soit lisse. À l'aide du rouleau à pâtisserie, aplatis-les de façon à obtenir des petits cercles d'un peu plus de 1,5 cm d'épaisseur, que tu disposes ensuite sur les plaques en les espaçant bien les uns des autres. Recouvre-les de film alimentaire et laisse-les doubler de volume dans un endroit chaud pendant environ 40 minutes (plus s'ils sont moins au chaud).

5

Demande à un adulte de préchauffer le four à 220 °C (thermostat 7).

6

Lave les courgettes, puis sur une planche à découper, coupe les deux extrémités à l'aide d'un couteau affûté. Ensuite, râpe-les sur une assiette en utilisant la partie fine de la râpe (voir page 13). Saupoudre d'un peu de sel.

7 Ajoute l'huile d'olive restante aux courgettes râpées et mélange bien avec tes mains, puis parsème-les sur les mini-fougasses.

8 Quand le four est bien chaud, fais-toi aider pour enfourner les fougasses, puis pour les sortir après 10 à 15 minutes de cuisson. Elles sont cuites quand elles sont fermes et dorées et si elles sonnent creux quand tu tapes sur le fond ! Sers-les chaudes ou laisse-les refroidir sur une grille.

CHAPITRE 4

PETITS PLATS GOURMANDS

Tartelettes salées

Parfois, tu aimerais préparer une recette mais quand tu ouvres le réfrigérateur ou le placard, tu t'aperçois qu'il manque ce dont tu as besoin. Ces tartelettes emploient des ingrédients que presque tout le monde a sous la main : du pain, du lait, des œufs et des petits pois surgelés. Pour varier, tu peux utiliser du maïs et du thon pour la garniture.

Ingrédients et ustensiles

un peu de beurre

6 tranches de pain

3 œufs et 4 cuillers à soupe de lait (ou 2 œufs et 6 cuillers à soupe de lait)

une poignée de feuilles de menthe fraîche (facultatif)

2 poignées de petits pois décongelés ou frais, ou de grains de maïs

une petite poignée de parmesan râpé

moule pour 6 muffins

grand emporte-pièce rond de la taille des tranches de pain

(pour 6 tartelettes)

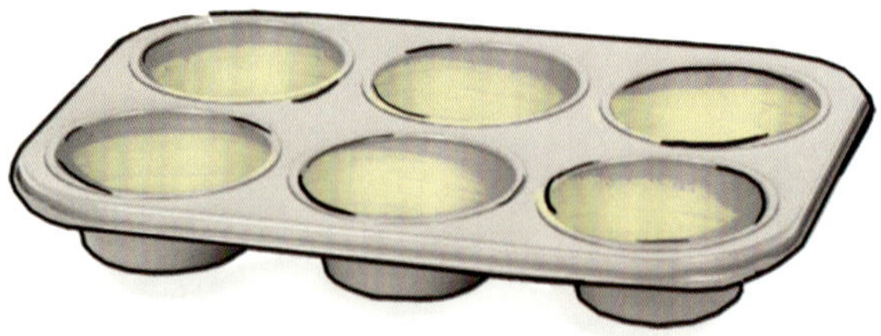

1 Demande à un adulte de préchauffer le four à 190 °C (thermostat 6). Prends un peu de beurre sur du papier absorbant et graisse les 6 cavités du moule.

2 Pose une tranche de pain sur une planche à découper et découpe un cercle à l'emporte-pièce. Enfonce-le dans le moule et procède de la même façon avec les autres tranches de pain.

3 Fais-toi aider pour glisser le moule au four pour et le ressortir après 5 minutes de cuisson, laisse refroidir.

LES PETITS POIS, C'EST BON !

4

Casse les œufs dans un pichet gradué et ôte les morceaux de coquilles si nécessaire. Bats les œufs à la fourchette pour casser les jaunes. Ajoute le lait et continue à mélanger.

5 Si tu emploies de la menthe, cisèle-la à l'aide de ciseaux et mets-en un peu sur chaque tartelette. Dépose quelques petits pois par-dessus, en essayant de les répartir de manière égale sur les six tartelettes.

6 Verse doucement le mélange à base d'œufs sur les petits pois et la menthe, mais ne remplis pas les cavités car les tartelettes vont lever à la cuisson.

7 Parsème un peu de parmesan râpé sur les tartelettes.

8 Fais-toi aider pour mettre le moule au four et fais-les cuire pendant 12 minutes ou jusqu'à ce que la garniture ait gonflé et que l'œuf soit cuit.

Risotto au four avec tomates, petits pois et thon

Voici un excellent plat « tout en un » à proposer pour un repas familial. Essaie de t'organiser de façon à ce que tous tes ingrédients soient prêts au moment de commencer la cuisson.

Ingrédients et ustensiles

- 4 petits oignons de printemps
- 2 gousses d'ail
- 350 g de thon en boîte, à l'huile ou à l'eau
- 400 g de tomates en boîte, coupées et aux fines herbes
- bouillon de légumes ou de volaille en cube ou en poudre
- 115 g de petits pois frais ou surgelés (inutile de les décongeler)
- 2 cuillers à soupe d'huile d'olive
- 200 g de riz arborio ou autre riz à risotto
- sel et poivre noir fraîchement moulu
- parmesan
- quelques feuilles de basilic pour décorer (facultatif)

cocotte moyenne à fond épais allant au four, avec couvercle

(pour 4 à 5 personnes)

1 Demande à un adulte de préchauffer le four à 180 °C (thermostat 6).

2 À l'aide d'un petit couteau bien affûté (sans oublier la planche à découper !), coupe la racine chevelue des oignons, puis la partie vert foncé. Rince-les sous le robinet d'eau froide pour les débarrasser de la boue ou autres particules et coupe-les en fines rondelles.

3 Retire la pellicule fine des 2 gousses d'ail et mets-les de côté.

4 Ouvre les boîtes de thon sans te couper et égoutte leur contenu dans une passoire placée dans l'évier.

5 Fais-toi aider pour faire bouillir de l'eau et en verser 400 ml dans un pichet gradué, ou ajoute et mélange un cube ou une cuiller à café de bouillon en poudre. Ouvre la boîte de tomates et verse la quantité indiquée de petits pois dans un saladier.

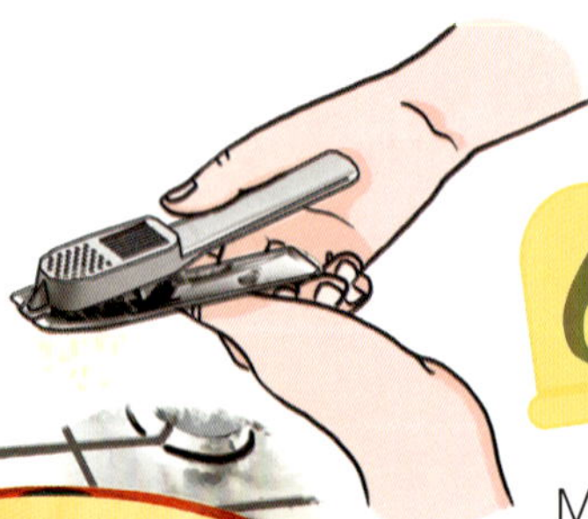

6 Maintenant que tout est prêt, la cuisson peut démarrer. Verse l'huile d'olive dans la cocotte à l'aide d'une cuiller et fais-toi aider pour chauffer à feu doux sur la plaque de cuisson. Incorpore les oignons en t'aidant d'une cuiller en bois, ainsi que l'ail pressé directement au-dessus de la cocotte avec un presse-ail. Fais revenir doucement pendant 1 minute.

7 Ajoute le riz dans la cocotte et remue bien. Laisse cuire doucement pendant 1 minute, puis incorpore les tomates en boîte, le bouillon et le thon. Mélange bien et ajoute les petits pois, un peu de sel et du poivre noir. Mélange de nouveau puis mets le couvercle. Fais-toi aider pour mettre la cocotte au four et laisse cuire pendant 35 minutes.

8 Juste avant la fin de la cuisson du risotto, râpe environ 3 cuillerées à soupe de parmesan sur une assiette (partie fine de la râpe) et, si tu en as, déchiquette quelques feuilles de basilic. Une fois la cocotte retirée du four, ôte le couvercle, vérifie que le riz est tendre et prolonge un peu la cuisson s'il le faut. Enfin, parsème du parmesan et du basilic et sers immédiatement le risotto.

Accompagné d'une salade verte garnie de tomates cerises, c'est excellent !

Un plat « TOUT EN UN » !

Muffins moelleux au chorizo

Ces muffins salés sont super pour les petites fêtes, les pique-niques et la boîte à lunch. Si tu les dégustes quand ils sont encore chauds, tu y découvriras des « poches » de fromage fondu et de succulents morceaux de saucisse épicée !

Ingrédients et ustensiles

500 g de farine ordinaire (sans levure)

2 cuillers à café de levure chimique

une pincée de sel

poivre noir fraîchement moulu

225 g de fromage suisse (par exemple emmental)

115 g de chorizo coupé en tranches épaisses (ou jambon, ou grains de maïs en boîte ou surgelés)

2 œufs de gros calibre

100 g (à peine) de beurre doux

350 ml de lait

1 moule pour 12 muffins

coupelles à muffins en papier

(pour 12 muffins)

1 Place les coupelles dans les cavités du moule. Demande à un adulte de préchauffer le four à 200 °C (thermostat 6/7).

2 Tiens un grand tamis au-dessus d'un saladier. Verse dedans la farine, la levure, le sel et un peu de poivre, tamise le tout.

3 En te servant d'un couteau affûté et d'une planche à découper, coupe le fromage en petits cubes. Utilise des ciseaux de cuisine pour couper le chorizo en morceaux d'à peu près la même taille que les cubes de fromage.

4 Ajoute le fromage et le chorizo dans le saladier, mélange bien et creuse un puits au milieu.

5 Casse les œufs dans un bol (ôte les morceaux de coquille si nécessaire), puis bats-les à la fourchette pour casser les jaunes. Verse-les dans le puits que tu as creusé.

6 Mets le beurre dans une petite casserole et fais-toi aider d'un adulte pour le faire fondre à feu très doux (tu peux aussi utiliser le micro-ondes, voir page 11). Verse le beurre dans le puits, suivi du lait.

7 Malaxe bien le tout à l'aide d'une cuiller en bois, en incorporant peu à peu les ingrédients secs dans le puits d'ingrédients liquides. Continue à remuer jusqu'à ce que le tout soit grossièrement mélangé.

8 Garnis les coupelles de ce mélange en t'aidant d'une cuiller et en répartissant de manière égale. Fais-toi aider pour glisser les muffins au four et laisse-les cuire pendant 30 minutes, jusqu'à ce qu'ils soient bien dorés.

9 Une fois le moule sorti du four, laisse refroidir quelques minutes, puis transfère les muffins sur une grille. Déguste-les chauds ou à température ambiante. Tu peux les conserver dans une boîte hermétiquement fermée jusqu'au lendemain.

SURPRISE au fromage et au chorizo !

Mini « Crapauds »

En anglais, ça s'appelle « toad in the hole », c'est-à-dire « crapaud dans le trou ». Beurk ! Et pourtant, tu vas adorer ces petites saucisses enrobées de pâte à frire et cuites au four. Tu dois travailler vite et en faisant très attention à la fin de la recette car l'huile doit être bien chaude pour que la pâte gonfle autour des saucisses.

Ingrédients et ustensiles

75 g de farine ordinaire (sans levure)

une pincée de sel

un peu de poivre

2 œufs

250 ml de lait

un petit bouquet de ciboulette (facultatif)

12 chipolatas (végétariennes ou non)

60 ml d'huile végétale

grande plaque à pâtisserie ou lèchefrite

1 moule pour 12 muffins

(pour 12 mini « crapauds »)

1 Demande à un adulte de placer les grilles à la bonne hauteur dans le four : une à mi-hauteur pour le moule à muffin (il faut assez de place pour que la pâte lève) ; une autre en dessous où tu glisses une plaque ou une lèchefrite afin de recueillir la graisse. Fais-toi aider pour préchauffer le four à 220 °C (thermostat 7).

2 Pour préparer la pâte, mets la farine, le sel et le poivre dans un saladier. Creuse un puits au milieu.

3 Casse les œufs dans un bol (ôte les morceaux de coquille si nécessaire) et ajoute le lait. Bats le mélange à l'aide d'un fouet métallique, puis verse-le dans le puits de farine.

4 Toujours avec le fouet, commence à incorporer la farine au lait et aux œufs, en ne prenant qu'un peu de farine à chaque passage. Quand toute la farine est bien incorporée, fouette la pâte pour te débarrasser d'éventuels grumeaux.

5 À l'aide de ciseaux de cuisine, coupe la ciboulette dans le saladier et mélange. Tu peux préparer la pâte jusqu'à 3 heures avant de commencer à cuisiner.

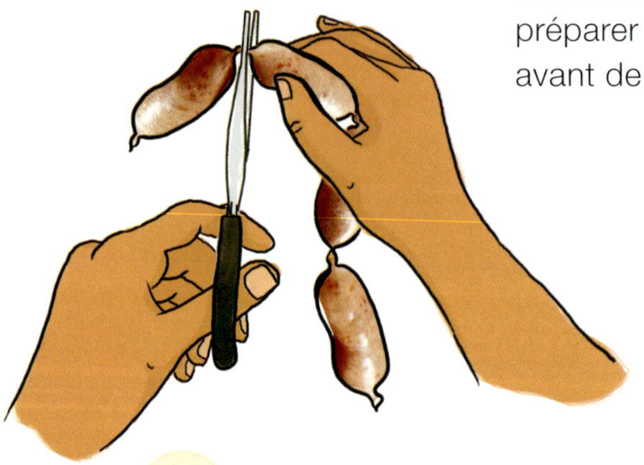

6 Sépare les saucisses les unes des autres. Si elles sont trop longues, tord-les au milieu et coupe-les à cet endroit pour en obtenir deux petites. Mets-les de côté et lave-toi bien les mains car tu as manipulé de la viande crue (voir page 7).

7 Verse une cuiller à café d'huile dans chaque cavité du moule et fais-toi aider d'un adulte pour le mettre à chauffer au four, puis pour le ressortir après 5 minutes (il faut porter des gants car le moule et l'huile seront brûlants). Pose-le sur une surface résistant à la chaleur. Sans te brûler, place une saucisse dans chaque cavité, puis fais-toi aider pour remettre au four 5 minutes de plus.

8

C'est maintenant qu'il faut travailler vite. Verse la pâte, avec une louche si tu préfères, dans un grand pichet gradué et remue une ou deux fois. Fais-toi aider pour sortir le moule du four et pour le poser de nouveau sur la surface résistant à la chaleur puis éloigne-toi (l'huile peut sauter). Verse rapidement la pâte dans chaque cavité, en la remplissant juste à mi-hauteur.

9

Le moule retourne au four et tu laisses cuire pendant 20 minutes, jusqu'à ce que la pâte soit bien dorée et croustillante.

10

Toujours avec l'aide d'un adulte, retire le moule du four et décolle chaque mini « crapaud » à l'aide d'un couteau à lame ronde. Utilise un gant pour maintenir le moule en place. Sers-les immédiatement, accompagnés de salade, de légumes verts ou de haricots à la sauce tomate.

De délicieux petits **CRAPAUDS**, ça te dit ?

Beignets de maïs

Ces petits beignets sont préparés avec une pâte semblable à celle utilisée pour les mini « crapauds » (voir page 111), mais ils sont bien sûr frits et non cuits au four (comme pour toutes les autres recettes de ce livre). Nous les avons ajoutés ici car ils sont excellents et tellement faciles à préparer pour le dîner.

Ingrédients et ustensiles

160 g de semoule de maïs (ou de polenta fine)

40 g de farine complète ou ordinaire (sans levure)

2 cuillers à café de levure chimique

¼ de cuiller à café de paprika

½ cuiller à café de sel marin fin

200 ml de lait (prévoir un peu plus au cas où)

1 œuf

300 g de grains de maïs (frais, surgelés ou en boîte)

huile de tournesol et beurre

poêle à frire antiadhésive

plat résistant à la chaleur

(pour environ 7 beignets)

1 Dans un saladier, mélange la semoule, la farine, la levure, le paprika et le sel.

2 Verse la quantité de lait indiquée dans un pichet gradué, ajoute l'œuf et mélange à l'aide d'un fouet pour obtenir une consistance homogène.

3 Verse ce mélange dans celui à base de semoule et remue bien le tout. Ajoute les grains de maïs et remue de nouveau.

Un DÎNER SIMPLE et EXQUIS !

4 Un adulte doit t'aider pour les étapes suivantes car il faut utiliser la plaque de cuisson et le four. Commence par préchauffer le four à 110 °C, thermostat 3/4 (juste pour tenir les premiers beignets au chaud pendant que tu fais cuire les suivants), puis glisse le plat résistant à la chaleur dans le four pour le réchauffer.

5 Dans la poêle, mets une cuiller à soupe d'huile et une noisette de beurre puis fais-la chauffer sur la plaque de cuisson (toujours en présence d'un adulte). Quand l'huile grésille, verse une louche de pâte dans la poêle pour le premier beignet. Ajoute une ou deux louches de pâte, en les espaçant pour que les beignets ne se rejoignent pas. C'est plus facile si tu en fais frire peu à la fois.

6 Cuis-les 3 à 5 minutes de chaque côté, jusqu'à ce que des petites bulles se forment à la surface et que le beignet soit bien doré dessous quand tu soulèves le bord à la spatule.

7 Toujours aidé d'un adulte, retire les beignets de la poêle et dépose-les sur du papier absorbant, puis transfère-les dans le plat mis au four pour les garder chauds pendant que tu fais les suivants. Sers-les immédiatement.

Polenta au four

Les Italiens du Nord remplacent souvent les pâtes par de la polenta. Ce plat à base de beurre et de fromage est délicieux. La polenta se présente sous forme de minuscules grains qui gonflent à la cuisson. Quand elle est ferme, tu peux la découper pour l'intégrer à un plat au four. Un fromage italien nommé Taleggio est employé ici, mais tu peux utiliser n'importe quel fromage, du moment qu'il fond bien.

Ingrédients et ustensiles

250 g de polenta

bouillon de légumes (en cube ou en poudre)

170 g de parmesan

2 poignées de jeunes pousses d'épinards

100 g de beurre ramolli

morceau de fromage à fondre de 100 g : taleggio ou gruyère, cheddar, fontina, emmental

huile de tournesol

sel et poivre noir

plaque à pâtisserie

emporte-pièce à biscuits

grand plat allant au four

(pour 4 personnes)

1 Prépare d'abord tous tes ingrédients : râpe le parmesan sur une assiette (avec la partie fine de la râpe). Lave les épinards dans une passoire et déchiquette leurs feuilles en petits morceaux. Verse la quantité de polenta indiquée dans un pichet gradué. Mets le beurre dont tu as besoin sur une assiette. Place le sel et le poivre à portée de main.

2 Fais-toi aider d'un adulte pour les étapes de cuisson. Verse 1 litre d'eau dans une grande casserole à fond épais, mets-la sur la plaque et allume celle-ci. Quand l'eau s'apprête à bouillir, ajoute le bouillon et suis les instructions sur l'emballage.

Un savoureux PLAT ITALIEN !

3 Remue le bouillon et quand il bout à gros bouillons, verse la polenta d'une main en pluie régulière et, avec l'autre main, remue constamment et rapidement à l'aide d'un grand fouet métallique (c'est plus facile si quelqu'un d'autre verse pendant que tu manies le fouet). Respecte le temps de cuisson indiqué sur le paquet.

4 Quand la polenta est cuite et a épaissi, retire la casserole du feu et pose-la sur une surface résistant à la chaleur (mets un gant pour tenir la poignée). À l'aide d'une cuiller en bois, incorpore le parmesan, les épinards, un peu de poivre et la moitié du beurre. Prends une petite quantité avec une cuiller à café et goûte (sans te brûler !) pour vérifier l'assaisonnement, ajoute un peu de sel si nécessaire.

5 Mets un peu d'huile de tournesol sur du papier absorbant et graisse la plaque à pâtisserie. Puis demande à un adulte de t'aider à verser le mélange à base de polenta sur la plaque. Étale-le bien avec le dos d'une cuiller ou un couteau à palette. Laisse-la refroidir et durcir.

6 Fais-toi aider pour préchauffer le four à 200 °C (thermostat 6/7).

7 À l'aide de l'emporte-pièce, découpe la polenta cuite en ronds, rapprochés le plus possible les uns des autres. Dispose-les dans le plat allant au four. Rassemble les restes de polenta et coupe d'autres ronds.

8 Avec un couteau affûté et sans oublier la planche à découper, coupe le fromage en petits morceaux et parsème-les sur les ronds de polenta de façon uniforme, puis éparpille des noisettes de beurre.

9 Fais-toi aider pour enfourner la polenta. Elle doit cuire entre 15 à 20 minutes, jusqu'à ce que le fromage soit fondu et fasse des bulles.

Lumaconi farcis aux fines herbes et à la ricotta

Voici un plat de pâtes inhabituel et très facile à préparer qui régalera toute la famille. C'est aussi bon que les lasagnes, mais nettement moins compliqué.

Ingrédients et ustensiles

- 400 g de lumaconi (sèches et non fraîches)
- une pincée de sel
- 3 tomates mûres
- 450 g de ricotta
- 2 cuillers à soupe de fines herbes variées (comme ciboulette, persil et basilic)
- 3 cuillers à soupe d'huile d'olive
- parmesan
- salade verte croquante pour accompagner

plat allant au four

(pour 4 personnes)

1 Demande à un adulte de préchauffer le four à 180 °C (thermostat 6).

2 Fais-toi aider pour cuire les pâtes : porte à ébullition une grande casserole d'eau et ajoute le sel. Plonge les pâtes dans l'eau, remue et attends que l'eau bouille de nouveau, puis diminue la température pour qu'elle ne déborde pas – mais vérifie qu'elle continue à bouillir.

3 Cuis les pâtes en respectant le temps de cuisson conseillé sur l'emballage. Pour vérifier la cuisson, goûte une pâte en utilisant une écumoire (ne te brûle pas la langue !). Les pâtes doivent être « al dente », ce qui veut dire pas tout à fait molles. Fais-toi aider pour les égoutter dans une passoire et laisse-les refroidir.

4 Pendant que les pâtes cuisent, commence à préparer la farce. Coupe les tomates en deux : utilise un couteau affûté et une planche à découper, tiens ta main en forme de « pont » (voir page 12).

5

Retire les graines et le centre à l'aide d'une cuiller à café. Écrase les moitiés de tomates sur la planche et coupe-les en petits morceaux, que tu verses ensuite dans un saladier.

6

Coupe les fines herbes en très petits morceaux, selon la technique expliquée page 12.

7

Ajoute les fines herbes et la ricotta aux tomates et mélange bien le tout.

8

Quand les pâtes sont assez tièdes pour être tenues dans la main, prends-en une et garnis-la d'une cuillerée à café de farce, puis dépose-la dans le plat. Garnis ainsi tous les lumaconi et dispose-les dans le plat (tu peux les serrer sans problème).

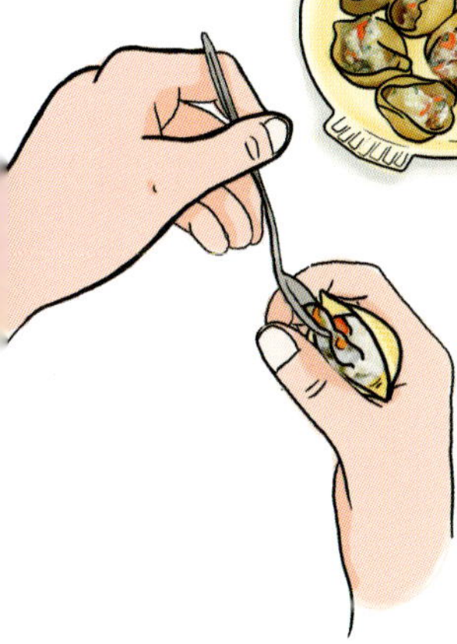

9

Parsème les pâtes d'huile d'olive, sans en oublier aucune. Râpe l'équivalent d'environ 3 cuillers à soupe de parmesan (voir page 13) et saupoudre tes pâtes avec. Fais-toi aider pour les mettre au four et laisse-les cuire 10 minutes pour qu'elles soient bien chaudes. Sers-les accompagnées d'une salade verte bien croquante.

Frittata aux Poireaux

La frittata est une autre spécialité italienne, une sorte d'omelette cuite au four que tu peux agrémenter avec les ingrédients de ton choix. Celle-ci est garnie de poireaux et de pancetta (jambon italien), mais tu peux essayer d'autres légumes (courgettes, oignons, champignons, petits pois, tomates...) que tu recouvres de fromage râpé. Tu as là un autre plat « tout en un » qui sera apprécié de toute la famille.

Ingrédients et ustensiles

- 3 poireaux
- 100 g de pancetta (ou bacon)
- 2 cuillers à soupe d'huile d'olive
- 8 œufs de gros calibre
- quelques brins de ciboulette
- sel et poivre noir
- salade verte croquante pour accompagner

plat rond allant au four (environ 23 cm de diamètre)

(pour 4 personnes)

1 Demande à un adulte de préchauffer le four à 200 °C (thermostat 6/7).

2 En te servant d'un couteau affûté et d'une planche à découper, coupe le bas des poireaux (là où se trouvent les racines) ainsi que les épaisses feuilles vert foncé de l'autre côté. Ensuite, avec ta main formant « un pont » (voir page 12), coupe les poireaux en deux dans leur longueur et lave-les soigneusement sous le jet du robinet (des cailloux sont parfois pris entre les feuilles).

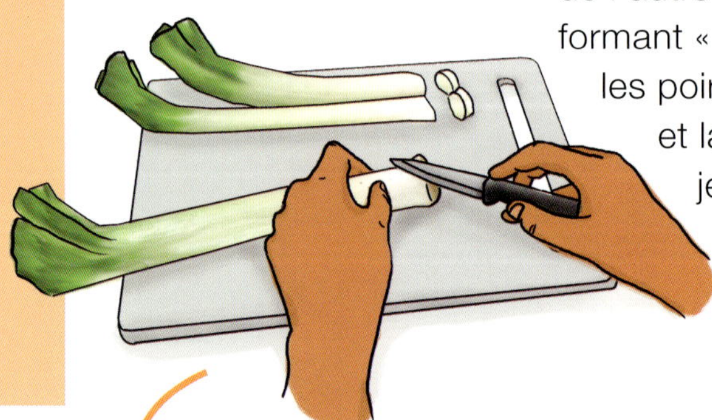

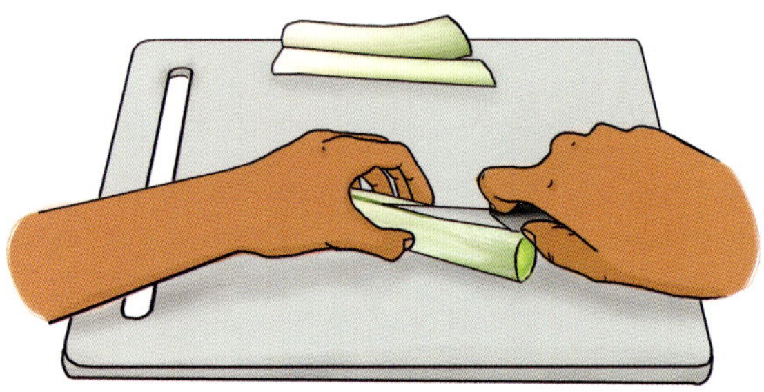

3 Pose les poireaux coupés en deux sur la planche, sur leur côté plat, et coupe-les en fines lamelles que tu éparpilles ensuite au fond du plat allant au four.

4 À l'aide de ciseaux de cuisine, coupe la pancetta en lanières très fines, de la taille d'une allumette.

5 Éparpille les morceaux de pancetta sur les poireaux et asperge tout le plat d'huile d'olive.

6 Fais-toi aider pour glisser le plat au four et laisse-le cuire environ 15 minutes, jusqu'à ce que la pancetta soit cuite et que les poireaux soient tendres.

7 Pendant ce temps, casse les œufs contre la paroi d'un bol et sépare les deux moitiés du bout des doigts (ôte les morceaux de coquille tombés si nécessaire) puis bats-les avec un fouet en métal, jusqu'à ce qu'ils soient très mousseux. Ajoute un peu de sel et de poivre noir.

8 Une fois le plat retiré du four, pose-le sur une surface résistant à la chaleur et verse les œufs battus dessus en faisant très attention de ne pas toucher le plat brûlant.

9 Coupe la ciboulette en petits anneaux avec une paire de ciseaux et parsème-les sur la frittata.

10 Le plat retourne au four environ 20 minutes, jusqu'à ce que les œufs soient cuits. Fais-toi aider pour le sortir du four. Tu peux servir ce plat chaud ou froid, selon tes goûts.

Une recette avec... **HUIT ŒUFS !**

Gabarits

Tu peux utiliser ces gabarits pour créer des pochoirs qui te permettront de décorer les cakes au beurre de cacahuète de la page 57. La recette propose un pochoir en forme de cœur, pourquoi n'essaierais-tu pas de jolies étoiles ou des sapins de Noël ?

Fournisseurs

Tu trouveras sans doute dans ta cuisine la plupart des ustensiles dont tu as besoin pour réaliser ces recettes, mais s'il t'en manque ou s'il te faut des accessoires spécifiques et adaptés aux enfants, essaie les adresses suivantes.

FRANCE

Vente en ligne (eBay, etc.)

ROYAUME-UNI

Cakes, Cookies & Crafts
www.cakescookiesandcraftsshop.co.uk

Hobbycraft
www.hobbycraft.co.uk

John Lewis
www.johnlewis.com

The Kids Baking Store
www.thekidsbakingstore.co.uk

Lakeland
www.lakeland.co.uk

Little Chef Big Chef
littlechef-bigchef.co.uk

Spotty Green Frog
www.spottygreenfrog.co.uk

Squires Kitchen
www.squires-shop.com

INDEX

Remerciements

Légende : g = gauche, d = droite, h = haut, b = bas, c = centre

Recettes
Maxine Clark : 23 ; Chloe Coker ; 50 ; Linda Collister : 26, 32, 47, 57, 63, 68, 76, 82, 85, 91, 105, 108, 111 ; Liz Franklin : 18, 97, 117, 120, 122 ; Amanda Grant : 16, 36, 39, 60, 66, 94, 102 ; Caroline Marson : 29, 44; Annie Rigg : 20, 54, 71, 79 ; Laura Washburn : 88, 114

Photos
Susan Bell : 5t, 13, 37, 42, 67, 103, 104 ; Martin Brigdale : 15, 25 ; Vanessa Davies : 5bc, 9, 27, 33, 49, 83, 93, 113 ; Tara Fisher : 1, 17, 41, 61, 95 ; Lisa Linder : 2, 4b, 5bl, 6, 14, 19, 21, 55, 73, 75, 79, 81, 97, 99, 117, 119, 121, 123 ; Martin Norris : 4t, 43, 51 ; Kate Whitaker : 5br, 74, 89, 100, 115, 116, 127 ; Polly Wreford : 3, 7, 31, 45, 57, 59, 65, 69, 77, 87, 101, 107, 109, 110, 126

Stylisme
Liz Belton : 2, 4b, 21, 55, 73, 75, 79, 81 ; Maxine Clark/Lindy Tubby/Helen Trent : 15, 25 ; Amanda Grant : 5t, 13, 17, 37, 42, 61, 67, 103, 104 ; Amanda Grant/Jacque Malouf/Liz Belton : 1, 41, 95 ; Rose Hammick : 31, 45 ; Joss Herd/Helen Trent : 3, 7, 57, 59, 65, 69, 77, 87, 101, 107, 109, 110, 126 ; Lucy McKelvie/Helen Trent : 5bc, 9, 27, 33, 49, 83, 93, 113 ; Luis Peral-Aranda : 4t, 43, 51 ; Joy Skipper/Liz Belton : 5bl, 6, 14, 19, 97, 99, 117, 119, 121, 123 ; Sunil Vijayakar/Liz Belton : 5br, 74, 89, 100, 115, 116, 127

Photo de couverture
4e de couverture hg/bg et tranche Susan Bell ; 4e de couverture d : Lisa Linder ; 1re de couverture hg/hc : Vanessa Davies ; 1re de couverture hd : Martin Norris ; 1re de couverture bc : Martin Brigdale ; 1re de couverture bg/bd et rabat 2e de couverture : Polly Wreford